中国六好管理
CHINA 6S

U0640766

改善：安全、效率、卫生、品质、形象、修养，提升企业竞争力

Q 六好含义
优质六好 我们参与

1. **整理**：去不用物，存放待用，留必要的。
2. **整顿**：物品分类，放置整齐，合理方法，取用方便。
3. **清洁**：清除垃圾、防止污染，达到清洁、干净、亮丽地优良状态。
4. **安全**：做好预防、时常检视，达到人、财物与环境三方面安全。
5. **维护**：善用制度和视觉管理，与时偕行，贯彻执行和维护前4好成果。
6. **修养**：力行美德，检查修正，遵守六好，文明礼貌，沟通合作，利企利世。

Q 六好管理三优
优质六好 我们参与

优良修养
优质服务
优质环境

六好六大目标

安全——"零"事故目标

效率——30秒内取放物品

卫生——一流清洁卫生

品质——顾客100%满意

形象——营造优质企业标准

员工——有修养和遵守规则

　　什么是六好管理呢？是对生产或者工作现场的人员、机器、材料、方法、环境做全面整理、整顿、清洁、安全、维护和修养的管理，简称为六好，或者6S管理。这6项内容有机组合在一起，便构成一个有利企业品质提升、良好运营与发展的管理体系。

六好管理与早期文化

　　公元1617年的朱柏庐，著有《朱子家训》，清洁方面提到"黎明即起，洒扫庭除，要内外整洁"。

　　公元1700年左右，山西人李秀编著《弟子规》，便有明确规范物品的整理、整顿做法，如"置冠服，有定位，勿乱顿，免污秽"。

保洁员标准礼仪标准图示

两人成行

工具携带

发布

蹲姿侧面

蹲姿正面

仪容背面

仪容侧面

仪容正面

路口礼让

方向指引

锁门

拖地

屋内清洁

提示牌

敲门

工具布置

垃圾桶清洁

倾倒垃圾

花盆清洁

植物清洁

植物浇水

清扫礼让

和谐物业
harmony

六好管理博物馆，通常会运用改变前后的对比图来直观地表达。下图是维护的一组示例：

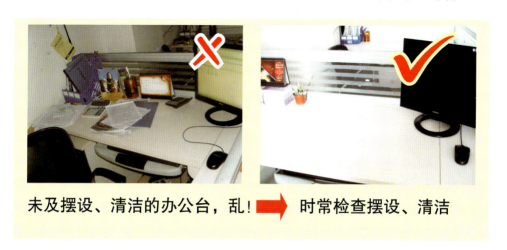

我爱我们的物业，因为有我们这儿变得更美

竞竞业业

保持学习

物业管理培训教材

值得人手一册的物业工作指南

物业六好管理

辛咨萱　邹金宏◎编著

中国财富出版社

图书在版编目（CIP）数据

物业六好管理／辛咨萱，邹金宏编著 . —北京：中国财富出版社，2015. 8
ISBN 978－7－5047－5793－7

Ⅰ. ①物… Ⅱ. ①辛…②邹… Ⅲ. ①物业管理—技术培训—教材
Ⅳ. ①F293. 33

中国版本图书馆 CIP 数据核字（2015）第 161330 号

策划编辑 黄 华	**责任编辑** 戴海林 吴伊文			
责任印制 方朋远	**责任校对** 杨小静		**责任发行** 邢有涛	

出版发行 中国财富出版社

社 址 北京市丰台区南四环西路 188 号 5 区 20 楼　　**邮政编码** 100070

电 话 010－52227568（发行部）　　　010－52227588 转 307（总编室）
　　　　 010－68589540（读者服务部）　010－52227588 转 305（质检部）

网 址 http：//www.cfpress.com.cn

经 销 新华书店

印 刷 北京京都六环印刷厂

书 号 ISBN 978－7－5047－5793－7/F · 2434

开 本 710mm×1000mm 1/16　　　　　**版 次** 2015 年 8 月第 1 版

印 张 13.25 插页 4　　　　　　　　　**印 次** 2015 年 8 月第 1 次印刷

字 数 214 千字　　　　　　　　　　　**定 价** 35.00 元

版权所有 · 侵权必究 · 印装差错 · 负责调换

谨以此书献给从事物业管理的朋友们，愿大家人生美好、家庭和谐幸福！事业顺利！

前　言

《物业六好管理》是物业服务行业的实用培训教材，是值得人手一册的物业工作指南。

人们都希望拥有整洁、安全、美丽和顺心的社区环境，拥有文明开心的氛围。本书将是你的得力助手，旨在帮助众多物业从业人员更好地做好物业管理工作。

那么，什么是六好管理呢？六好管理是对生产或者工作现场的人员、机器、材料、方法、环境做全面整理、整顿、清洁、安全、维护和修养的管理，简称为六好，或者6S管理。这六项内容有机组合在一起，便构成一个有利于企业品质提升、良好运营与发展的管理体系。

六好管理对于企业来说具有以下重要意义：成功塑造一个整洁明亮的现场环境，培养员工优良的工作习惯；改善安全、效率、卫生、品质、形象和修养，提升企业竞争力。

为配合众多物业公司和社区广泛开展六好活动，理解六好的定义、目的、作用及推行要领，特结合物业管理情况，融汇当今多家之长，编写出版《物业六好管理》。

六好是卓越的管理方式，呼吁广大物业企业借鉴实行！热忱希望广大物业同人努力学习六好管理，用心领会，以好的结果为导向，知行合一，并持之以恒，不断规范自己的日常工作，促使"六好"活动从"形式化"走向"行事化"，最后演变为"习惯化"，为企业的稳步发展打下坚实的基础。同时，创造出良好的社会效应。六好管理是利国利民的事，我们相信，如果中国有一半物业企业推行六好管理，那么一年将带来数十亿元以上的成本节约，并产生出卓越的物业管理文明，带来良好的社会效益。

这是一本关于物业六好管理的书，由于编者水平有限，书中难免存在不足之处，恳请广大读者指正，以日臻完善！愿这些知识能起到抛砖引玉的作用，给物业企业的管理与创新带来有益的参考，给社会的发展带来有益的帮助。

作 者

2015 年 5 月

目　录

C O N T E N T S

1

第三章　二好——整顿好 ……………………………… 29

　　　对整理之后留下的物品分类，放置整齐，合理方法，取用

方便。

第四章　三好——清洁好 ……………………………… 43

　　　管理者应该创造一个员工和客户喜欢的环境，清除垃圾、防

止污染，达到清洁、干净、亮丽的优良状态。

第五章　四好——安全好 ……………………………… 75

　　　做好预防、时常检视，达到人、财物与环境三方面安全。

第六章　五好——维护好 …………………………………… 85

善用制度和视觉管理，与时偕行，贯彻执行和维护前四好
成果。

第七章　六好——修养好 …………………………………… 107

欲强其国，先强其民，欲强其民，先正其心。一个企业的发
展，与其员工的修养有着密切的关系。

第八章　六好推行实用手法选 ……………………………… 121

成功一定有方法！不是没有方法，而是知道没有做；不是不
知道，而是暂时不知道；我不知道，不代表别人不知道；即使全
地球人都不知道，在宇宙间也一定有方法。所以，只要肯做、肯
学、肯问，就可以找到方法。总之，成功一定有方法！

第九章　物业管理常识与技能 ···························· 145

　　物业管理是指受物业所有人的委托，依据物业管理委托合同，对物业的房屋建筑及其设备，市政公用设施、绿化、卫生、交通、治安和环境容貌等管理项目进行维护、修缮和整治，并向物业所有人和使用人提供综合性的有偿服务。

　　推行物业六好（6S）管理，常涉及工作中的常识与技能。例如，各个部门的流程会帮助你结合实际做好自己岗位职责的流程，这是执行修养好的第一条。

　　考虑到很多从业人员对物业管理的理解有限，或者说有新加入的员工，那么，以下汇集的什么是物业管理等行业常识，将有助于你快速地了解、掌握一些必要的知识。

第一章
◀六好管理简介▶

对生产或者工作现场的人员、机器、材料、方法、环境做全面整理、整顿、清洁、安全、维护和修养的管理，简称为六好，或者6S管理。

六好（6S）管理推行方针：整顿现物现场，提升人员修养，改进现场管理；改善安全、效率、卫生、品质、形象和修养，提升企业竞争力。

一、六好管理的定义

什么是六好管理呢？六好管理是对生产或者工作现场的人员、机器、材料、方法、环境做全面整理、整顿、清洁、安全、维护和修养的管理，简称为六好，或者"6S管理"。这六项内容有机组合在一起，便构成一个有利于企业品质提升、良好运营与发展的管理体系。原理是：修养→整理→归位→清洁→安全→维护→形象化→修养。早期也称"六常管理"，因为"常"是过程，"好"是结果，用"好"来表达更有积极意义，于是定义为六好。例如，一个人常吃与吃好的意义是不同的，常吃可能表示经常吃，吃好则表示吃得好。经在中国实践发展及各个行业的推动，已经形成具有中国特色的六好管理。

为了让更多的物业管理企业接受这种先进的管理理念，并以此提高业主的生活质量，本书以"六好管理"为蓝本，制定了适合物业管理的"物业六好管理"。

通常来说，物业六好具有以下含义（见图1-1）：

1. 整理

去不用物，存放待用，留必要的。

2. 整顿

物品分类，放置整齐，合理方法，取用方便。

3. 清洁

清除垃圾、防止污染，达到清洁、干净、亮丽的优良状态。

4. 安全

做好预防、时常检视，达到人、财物与环境三方面安全。

3

5. 维护

善用制度和视觉管理，与时偕行，贯彻执行和维护前四好成果。

确切地说，维护活动还包括利用创意和超越，从而更好地维护。

6. 修养

力行美德，检查修正，遵守六好，文明礼貌，沟通合作，利企利世。

以自觉遵守规则为基本，做好本职工作，实现利家利企，进则修养治国、利天下的高尚品德。

图 1－1 物业六好的含义

六好管理是一个简单而又不简单的管理技术；是一种能够提升形象、品质与效益的技术；是融合古今、中西的卓越管理技术；是一个利民、利家、利企、利国的好技术。希望这一技术能在全国得到推广应用。

物业六好管理着重于现场、现物、现实，以提升物业管理者修养素质为始终。它立足于通过改变现实、整理现物、规范现场来创造一个整洁、有序、安全、美丽和有修养的居住、生活环境，养成认真对待每一件事、每一个细节的良好习惯，造福众多被服务的对象，从而创造令人尊敬的物业管理者形象，塑造追求完美的企业精神。

总而言之，六好管理能改善安全、效率、卫生、品质、形象和修养等多个问题，提升企业竞争力。

二、六好的应用与历史

六好（6S）或者五常（5S）目前在国内及国外得到广泛应用，推广与实行该项应用的企业大约在 100 万家以上，服务对象包括工业、服务业、学校甚至家庭。由于很多卓越企业也在应用，因而使其变得更加卓越！

以下是部分常见译法举例对照参考表：

中文	日文/罗马拼音	英文	一般释法或精简要义
整理（组织）	整理/Seiri	Structure	对身边的物品进行整理，去不用物，存放待用，留必要的
整顿	整顿/Seiton	Systemize	物品分类，放置整齐，合理方法，取用方便
清洁（清扫）	清扫/Seiso	Sanitize	清除垃圾、防止污染，达到清洁、干净、亮丽的优良状态
安全		Safe；Safety	通过安全预防、检视，达到人、物与环境三方面安全
维护（规范）	清洁/Seiketsu	Standardize	善用制度和视觉管理，与时偕行，贯彻执行和维护前四好成果
修养（自律）	素养/Shitsuke	Self – discipline（或 Culture）	力行美德，检查修正，遵守六好，文明礼貌，沟通合作，正确地待人处事

从上表可知，在六好管理中，中文有一些相近的译法，在日语中罗马拼音和英语的 5S 名词，首字母都为"S"，而英语则是 6 个首字母都为"S"。因此，有 6S 的常见叫法。

六好的称谓可以追溯到 20 世纪初，笔者曾学习借鉴海尔的 6S 管理，用于改善餐厅安全、环境与效率等方面，但在表达时觉得，"S"是个外文，不容易为中国人理解，于是想找一个中文字眼来代替。经过实践发现，做 6S 就是要做到六个方面都好，因此 2004 年时一度改称为"六好"。

六好的叫法是有积极意义的，"好"是结果，以好的结果为名，有利于传达好的引导信息，有利于形成潜意识，促进良好结果的导向思维。

一种管理系统的出现，往往不是突然的，如果探索它的起源，你会发现有很久的历史，或者说原本就存在于"宇宙的某一地方"，正如一位科学家说的："我认为我的发明，像在海滩上捡到美丽的贝壳或者珍珠，原本就是存在的。"但不可否认，部分人在实践或者总结中付出了较大努力或者贡献，应予肯定。事物之间相互参考而有所得益，便应当对一切帮助心怀感激。

据有关资料记载，在中国，六好的工作原理历史悠久，人们在日常生活或家居中的打理便有所运用。《礼记》中有"凡内外，鸡初鸣……洒扫室堂及庭"的记载，说明两千多年前，人们就已开始运用"清洁好"来管理室内和庭院了。

生于公元1617年的朱柏庐，著有《朱子家训》，明确提到安全管理方面"既昏便息，关锁门户，必亲自检点"。清洁方面则提到"黎明即起，洒扫庭除，要内外整洁"。

到公元1700年左右，也就是清康熙年间，山西人李毓秀编著《弟子规》，便有明确规范物品的整理、整顿做法，如"置冠服，有定位，勿乱顿，致污秽"。这本书在中国乃至亚洲传播很广，影响很大。

直冠服　有定位　勿乱顿　致污秽

图 1-2

特别有趣和让人不敢相信的是，早在五六百年前的明代，当时的人们已经懂得运用"一套工具"的整理方法，而且携带更方便，制作工艺更精致。如图1－3所示，南京中华门外将军山明黔国公沐睿墓出土的一件实物就给人震撼的感觉。这件器物为金质，外观为细圆管状，其上錾刻通景山水，纹饰精细复杂，有人物、山水、松竹梅、凤凰等，管内装有耳挖、挑牙、镊子和柄状小勺四样卫生用具。外管上方佩以长长的金链，各式卫生用具均连于金链之上，可随身系带，管下端有圆盖，不使用时可连同金链全部装入管内，以保证卫生；金链的另一端呈如意云头形状，便于系在衣带上随身携带，通长42厘米，管长8厘米，重42.6克。

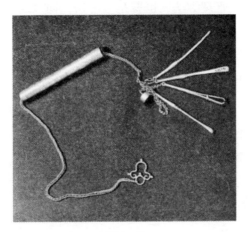

图1－3

1981年2月15日，全国学联、全国伦理学学会、全国总工会、共青团中央、全国妇联等九个单位，联合发出《关于开展文明礼貌活动的倡议》，在全国人民，特别是青少年中开展"文明礼貌月"活动，大兴"五讲四美"之风。"五讲"，即讲文明、讲礼貌、讲卫生、讲秩序、讲道德；"四美"，即语言美、心灵美、行为美、环境美。此后，这项活动又和"三热爱"（即"热爱祖国、热爱社会主义、热爱共产党"）活动相结合。于是，从城市到农村、从内地到边疆，"五讲四美三热爱"活动迅速开展起来。1983年3月11日，中央成立了以万里为主任的"五讲四美三热爱"委员会。这一活动影响较大，活动中提及清扫、修养等内容。时至今天，

我依然记得，当初家里的大厅就挂着有关的宣传画，很精美。回顾过去，再看今天，真打心眼儿里希望，今天的工会和有关部门能像当年重视"五讲四美"般地倡导六常管理，汇集精英创作出卓越的管理参考。

1955年，日本某些企业针对物品管理提出了"安全始于整理整顿，终于整理整顿"的"2S"管理。当时只推行了前两个S，其目的仅为了确保作业空间和安全。后因生产和品质控制的需要又提出了"清扫、清洁、素养"的"3S"管理。到了1986年，日本有关"5S"的著作逐渐问世。

1994年，香港人何广明教授始创"五常法"概念。何广明教授在研究日本优秀企业的时候，发现5S在其中所起的作用巨大。1994年，他整理出了基于5S的优质管理方法，也就是五常法，即"常组织、常整顿、常清洁、常规范、常自律"。由此，也开启了"五常""六常"的叫法。

大约在1995年或者更早，海尔开始推行6S管理，即加进了"安全"这一内容。2001年，海尔在美国南卡罗来纳州开办工厂，将"6S大脚印"从青岛推广到了美国。6S大脚印做法有两种，一是每天工作表现不佳的员工要站在6S大脚印上反省自己的不足，海尔称这种做法为"负激励"。二是站在大脚印上介绍自己的工作经验，称为"正激励"。

总的来说，六好管理源于世界，源远流长，重视者用它于管理得到效果，精进者将它加强，创新者将它补充。

三、物业六好管理 6 大目标

1. 安全（Safety）——事故降至最低，甚至为"零"

例如，确保安全及健康的工作环境；工作场所保持整齐清洁；减少意外发生。

2. 效率（Productivity）——30 秒内取放物品

例如，建立团体精神，促进同事间的互相了解，改善沟通；妥善存放物品；减少因寻找对象、物料及工具等而影响工作进度。

3. 卫生（Hygiene）——一流的清洁卫生

例如，确保工作环境及物业卫生；检查各用具清洁；物业楼层出入厅地面光洁明亮。

4. 品质（Quality）——顾客100％满意

例如，优质的物业服务、美观的环境。

5. 形象（Image）——营造优质物业标准

例如，做好绿化，建立优美的环境；良好的形象。

6. 修养（Culture）——有修养，遵守规则和礼貌

例如，对待顾客有良好的修养、讲礼貌；遵守工作规则。

总的来说，通过六好活动能够塑造一个整洁明亮的现场环境，培养员工优良的工作习惯；改善安全、效率、卫生、品质、形象和修养，提升物业服务质量，让所管理的物业更美。

四、物业六好管理9大作用

六好管理是一个很好的日常管理技术，如若应用正确，会让物业企业变得更加优秀和富有生命力，让受服务的对象得到更好的服务。六好看似平常，但只要你了解它、重视它，它就会产生神奇的作用。

总的来说，六好管理有以下9大作用：

1. 改善环境

创造一个整洁、舒适的环境。

2. 有利于家政标准化的推行

常维护与修养，自然有利于规范的推行。

3. 保证质量

工作规范，工作环境整洁将会减少工作过程中错误的发生，从而减少不合格产品的产生；员工养成做事认真、有序的习惯，是保证产品质量的基础。

4. 生意提升

品质、形象等得到提升，从而提升生意。顾客满意企业，从而更愿意与企业合作。建议提升指标：5％以上。

5. 有利于安全

安全来自日常的预防和维护。

6. 降低成本

通过全面实施节约管理，减少能耗和物料浪费，最大限度地实现节约。建议综合成本降低指标：5%以上。

7. 提高效率

良好的环境、气氛及人际关系，有助于员工提高工作热情，精力集中，提高工作效率。良好的工作环境将要求有序而严谨的工作方式，物品摆放有序，也会使工作效率提高。

8. 提高士气

改善人际关系和创造出快乐的工作环境。

9. 提升员工的修养

在提高工作产品质量的同时，提高员工的修养，做到对人礼貌有加。

六好不仅是对企业管理与发展有利的，对员工、客户都是有利的。

例如，对员工方面：

（1）好的做法得到赞赏，心情愉快，自豪感、归属感强。

（2）使自己掌握最新的管理法则，使个人增值，做六好员工都可以从中学到很多有用的知识。如，员工掌握以后回家自己做到六好，把家里管理得整洁美丽，家人高兴。

（3）有了更多晋升和奖励的机会。企业发展可以带动员工晋升和奖励，企业没有发展，员工也就没有了晋升机会。

例如，对顾客方面：

（1）为顾客提供优良的购物环境。

（2）提高顾客的满意度。

五、六好"承诺"格式

本人_____负责领导推行公司的六好法工作，所有雇员都要对工作场所整理负有责任，大家必须同心协力，不断改善工作环境的安全及健康。

本公司会为所有雇员提供足够资料及训练，以确保大家明白如何实践良好工作场所整理。我们亦会定期公布六好法的执行进度及成效，促进全员一致投入工作场所的整理工作。

签名（盖章）

六、六好药方解难题

你有下列"症状"吗？

（1）急找东西，心里烦躁。

（2）桌面零乱，工作不便。

（3）积物满物，心情压抑。

（4）穿着不整，难登大雅。

（5）找件东西，翻遍抽屉。

（6）环境脏乱，情绪不佳。

（7）忙无头绪，延误事务。

（8）仓库混乱，账物不符。

（9）东西杂乱，占用空间。

（10）设备积尘，备件满地。

（11）道路堵塞，无法通过。

（12）厕所恶臭，掩鼻而入。

综合以上种种不良现象，可以看出，不良现象均会造成浪费，这些浪费包括：

（1）资金的浪费。

（2）场所的浪费。

（3）人员的浪费。

（4）士气的浪费。

（5）形象的浪费。

（6）效率的浪费。

（7）品质的浪费。

（8）成品的浪费。

因此，如何成为一个有效率、高品质、低成本的企业，关键是要重视"整理、整顿、清洁"的工作，并彻底地把它做好。

在应用中，有人将六好管理比喻为"经典药方"，内容如下：

六好管理说明书

成分：整理、整顿、清洁、安全、维护、修养。

适用范围：

（1）物业管理，城市管理，企业管理；

（2）生产场所、住宿房间、仓库、办公室、服务区、公共场所；

（3）社会道德、人员思想意识的管理。

用法：内外兼服。即用心听、看和参与即可。具体请参见后续说明。

效能：专治脏、乱、差、浪费、欠修养等病。消除各种问题（隐患），强健体魄，提高免疫力。对诸多"疑难杂症"均有效。有病治病，无病强身，无副作用，请安心使用。

用量：遵医嘱。

注意事项：开始服用后，请持续，切忌中途停止，以免中断药效。

七、六好管理原则

（1）好结果导向；

（2）管理目视化；

（3）工作行标准；

（4）一次就做好；

（5）简洁就是美。

八、六好管理法口诀

口诀一：

不用的东西清理掉，物品和位置要对号；

每人的分区常清扫，线条和颜色是法宝；

透明的总比暗的好，一眼看穿效率高；

时时刻刻用六好，从我做起最重要。

口诀二：

工作整理好，天天整顿好；

环境清洁好，处处安全好；

事物维护好，人人修养好。

口诀三：

六好管理并不难，高层动手中层干；

全员参与是关键，建立标准是初期；

定期巡检要跟上，奖罚措施要执行；

人才育成是核心，持续改善是引擎。

九、物业六好管理 60 条标准

1. 整理好——物品和事情都是必要的

典型活动	六好标准例子
1.1　清理物品，必需品和非必需品进行分类，区分"要"和"不要"	处理非必需品，如过量或损坏的物品，过期的用品；管理需要的物品；通道避免充斥不需使用的杂物及遗留无用的物品；经许可丢掉不需要东西或回仓
1.2　环保与节约	垃圾环保分类处理；物品循环再用

典型活动	六好标准例子
1.3　需要但缺少的及时补上	如清洁毛巾、扫把、挂物钩的申购与配备
1.4　集中存放	水杯、餐具、伞、鞋、衣服需集中存放以单一为主。要求有私人物品集中存放的设备、设施，私人物品有序集中摆放
1.5　物品根据需要的低、中、高用量或重量进行分类分层存放	①使用频率高，放置于外侧或中间层。②使用频率低，放置于低层或高层。③大体积、大重量物品放置于低层
1.6　循环整理	每天下班有整理
1.7　一天工作计划表和排序	如制定每天工作标准流程表 注：每天工作整理，见 6.10 日事日毕，日清日高
1.8　一整套工具	一套清洁用具
1.9　1 小时会议	每周组织 1 小时左右的工作会议
1.10　一站式服务	收费与解答客户需求

2. 整顿好——物品分类放置整齐

2.1　分析目前现状	明白原因对策，如物品堆放在一起→分类整理；物品拿取不方便、名称不清→标识整理
2.2　物品有一个清楚的名和家	有明确的名字与存放地点指引
2.3　容器要合适	物品摆放有合适的容器，并以不妨碍取其他物品为准
2.4　物品摆放整齐	对物品的摆放要讲究整齐美观
2.5　存档控制表	物品有存档总表及存档期限或最高最低量指引
2.6　先进先出的安排（物流和人流）	明确清洁用品的可用期限使用次序及先进先出的安排
2.7　标识方法	如开关标识

续　表

2.8　现场指示标识	用具操作标准提示；所有分区/出口/厕所/房间均有清晰指示牌
2.9　整洁的通告板	通告板有独立标题及编号，负责人定期更换指引
2.10　30秒内可取出和放回物品	工具分类分层摆放，易于取放

3. 清洁好——干净亮丽

3.1　个人清洁责任的划分及认同（包括高层人员）	每人清理自己的工作范围；清洁分区负责人的职责
3.2　认识常用工具、清洁剂	认识常用工具、清洁剂
3.3　不用清洁的清洁和检查容易（例如合适的地砖和离地15厘米）	物品存放架尽量离地15厘米或以上；下班后台面、柜面除有特别的标签以外，不可放其他物品
3.4　清洁有方法	对木器用干的抹布擦拭
3.5　制定清洁检查表	有清洁检查表及有关问题跟进负责人
3.6　本身也要做到清洁	穿着整洁
3.7　员工时刻遵守《常清扫的诺言》	洗手时不把水洒在地上
3.8　清扫隐蔽地方	例如，清洁风槽顶；转角及有门、盖的隐蔽地方
3.9　清洁用具的清洁	扫把也干净
3.10　地面和整体环境保持光洁、明亮、照人	地面保持光洁状态

4. 安全好——让人身与财产安全

4.1　完善安全管理措施	例如，制定现场安全作业基准；应急措施和防损制度；有搬运重物的安全指引；设置急救药箱等
4.2　设备进行安全操作标示	采用易懂的图片形式进行标示。涉及危险机器的一定要有清晰操作指引

15

续　表

4.3　"紧急出口"标志和走火逃生指示	各分区张贴走火路线图，紧急事故应变指引
4.4　掌握紧急呼救基本知识	有火情发生时应立即拨打电话"119"；有违法事件时应立即拨打电话"110"
4.5　防止感染等卫生安全	垃圾桶加盖
4.6　隐患及时除	如煤气管道定期检查
4.7　工作安全知识有教育	知晓安全常识；处理紧急情况（如火警、急救）的训练
4.8　需消毒场地或者工具按规范清洗消毒	有消毒设备或者对应做法
4.9　灭火器及其他安全设施应在指定位置放置及处于可使用状态	设置急救药箱及位置，定期检查急救用品及消防设备
4.10　建立安全环境	为防滑倒，装修地板时多采用防滑砖；用电安全提示。为减少行走中的碰撞，鼓励"轻轻靠右走，重客又敬友"

5. 维护好——通过规范视觉管理等维护成果

5.1　制定责任制度、检查标准	责任划分明确，使整理、清洁、安全有人负责，检查可以追究；有检查标准表
5.2　现场工作指引（工作注意事项或提示）	各项设备有清晰的操作指引；节约能源提示
5.3　时常检查摆设、清洁、安全，及时纠正不达标现象	做到每天收工时检查
5.4　记录对与错	有记录，有时常分析改善工作
5.5　制订奖惩制度，加强执行	有通告栏，公示奖惩，以警示和激励
5.6　颜色和目视管理	例如，不同用途的清洁毛巾有分颜色管理；卫生责任区域图用不同颜色表达；各部门颜色分区图

续 表

5.7 养成维护的观念和习惯	坚持四不：不放置不用的东西；不弄乱；不弄脏；不违反安全操作。通过管理，纠正业户不卫生等习惯，防止"脏乱差"现象的发生
5.8 清晰的部门/办公室的标签、名牌和工作证	清晰的工作证、部门名牌
5.9 环境好及精简为要	适当的位置摆放盆栽、绿化。保持简洁、舒适、安全及透明度高的工作环境
5.10 开辟六好宣传栏，设置六好博物馆（包括改善前后对比的相片）	展示六好活动的记录，如照片、审核记录及培训记录

6. 修养好——养成良好习惯和品德

6.1 履行个人职责	明确自己的岗位职责与标准，问责和守时
6.2 遵守职业道德	忠于职守，对工作积极负责
6.3 内省活动，修己以利企利世	用良好的品德来指导、检查自己；修养提升自己，有责任感，关心所服务的人
6.4 良好的礼仪；沟通回应及时有标准	工作服穿着规范、干净；衣着、帽子、头发、指甲等做到得体标准；对业主及内部同事均须表现亲切笑容和礼貌标准。沟通回应及时有标准，有会务应答标准
6.5 正确做好人际交往与沟通	坦诚、恭敬、宽容、欣赏与赞美；服务工作中应尊重并多征求业主的意见；沟通有法，达到和谐
6.6 组织架构和企业核心文化放在易见处	有明确的企业核心文化表达
6.7 学习进步	有自己的六好管理资料并跟进学习实施；了解"六好"基本定义

17

6.8　定期六好审核（最少每季一次）	定六好日和内部审核日（建议每月 6 日为六好日，6 月 6 日为年度重要审核日）
6.9　每天应有班前会，负责人应有小结	晨会（沟通，落实工作及除错扬对）
6.10　日事日毕，日清日高	完成每日工作清单，下班前检查每天的工作清单是否完成。做好准备、归位

第二章
◀—好——整理好▶

对物品进行整理，判断必需与非必需的物品，舍弃不用的物品，存放好待用的，留必要的。

一、整理好简介

1. 含义

对物品进行整理，判断必需与非必需的物品，舍弃不用的物品，存放好待用的，留必要的。并将保存的物品进行分层管理，要点在集中存放及尽量降低存量，"一是最好"之运用。

2. 主要内容

整理工作主要包含以下三个方面的内容：

（1）不要物处理——清除不需要的物品。

（2）需要物处理——保留需要的物品。

（3）补充物处理——补充需要但没有的物品。

3. 目的

（1）将"空间"腾出活用。"空间"的概念是整理工作的精髓，即充分并有效地利用物理空间。

（2）防止误拿、误用。不要物的存在容易使物品产生混乱，出现误拿、误用的现象，既耽误了工作，又浪费了资源。

（3）塑造清爽的环境。环境的有序和美化能使人保持愉悦的心情，从而有利于提高效率，提高生活品质。

（4）整理对于人，要去除杂念，留存善念，工作时专心于当下所做的事。

二、整理好的 10 点实操

1. 清理物品

（1）对必需品和非必需品进行分类，区分"要"和"不要"（见表2-1）。

21

表2-1　　　　　　　　必需品与非秘需品的物品举例

必需品	非必需品
正常使用的办公用品、文件、文具、清洁用品	不能使用的办公用品、文具
会议使用的投影仪、话筒等	过期的文件、看板
秩序维护人员随时携带的对讲机、电筒、警棍等	不能使用的工具、设备
保洁人员使用的清洁工具	办公区域，小区内的废纸、油污、灰尘
工程技术人员维修使用的设备、工具等	墙壁、拐角的蜘蛛网

①必需品。即经常使用的物品，如果没有它，就必须购入替代品，否则影响正常工作的物品。虽然有一年以上没有用过，但是预计什么时候使用的物品。

②非必需品。使用周期较长的物品，即1个月、3个月甚至半年以上才使用一次的物品，称非即时必需品，可放仓库；坏掉的东西；对目前的工作无任何积极作用的，需处理的物品。

图2-1　办公物品摆放实例

图2-2　文具清单

（2）处理非必需品，如过量或损坏的家私、用具、杂物，过期的用品。

要定期对所管理部门物品进行清理，及时清理已损坏的物品、过期的用品，将长时间不需要使用的物品收进储物室或者指定的地方进行回仓处理，以免占据空间，影响整洁，避免安全事故的发生。通道避免充斥不需使用的杂物及遗留无用的物品。

处理非必需品的流程如图2-3所示。

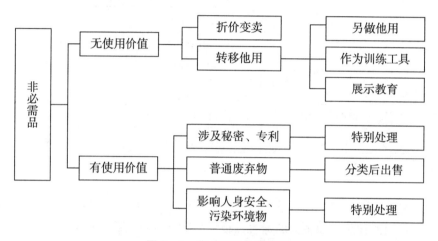

图2-3　非必需品处理流程

明白什么是非必需品之后，再实施清查，详细列出不要物清单。不要物清单的书写要点有两个：一是列明具体位置，即区域划分要细致；二是物品描述要清楚。

物业管理中整理的不要物如下：废弃无使用价值的物品；不使用的物品、多余重复的零件和物品不要；暂时不用的工具、零件、物品和设备不要；造成工作不便的物品不要；多余重复、无存档价值的文件资料不要；过期的活动用具、装饰用品、宣传海报不要；无修理价值、损坏的电器、配件不要；与工作无关的私人物品不要。

不要物清单确定后，各负责人进行审核。审核的目的是防止资源浪费，杜绝需要的物品被清理掉。

当然，如果不要物数量很少，也可以采用口头报告的形式进行沟通。

对同意处理选择妥当的方法，此时要重视家庭给出的处理意见。

处理方法确定之后，各项目组要发动全体员工一起进行不要物处理。

（3）管理需要的物品。

表 2－2　　　　　　　　　　整理基准表

类别	使用频次	基准	备注
必需品	每小时	放在工作台或随身携带	
	每天	现场存放、工作台附近	
	每周	现场存放	
非必需品	每月	仓库储存	定期检查
	3 个月	仓库储存	定期检查
	6 个月到一年	仓库储存	定期检查
	可能会使用	仓库储存	定期检查
	不再使用	废弃，变卖	立刻清理

（4）回仓或存放。

对长时间不用的具有再使用价值的物品进行回仓或存放。如因换季而暂时不用的物品，如冬天的棉衣、暖气机，夏天的风扇、凉席等。

2. 环保与节约

建议垃圾环保分类处理；可以用的物品循环再用。如电池不能与普通垃圾混放。在垃圾的处理中可分为纸质类、塑胶类、食品类、金属类等，可以进行分类销售或者交有关部门处理。

3. 需要但缺少的物品及时补充

例如，清洁毛巾、扫把、整理盒、挂物钩的申购与配备。

在对物品进行清查，确定不要物和需要物的过程中，还会发现有些实际需要但是缺少的东西，这些就是应该补充的物品。

4. 集中存放

集中存放常见物品有水杯、餐具、伞、鞋、衣服、工具。要求有私人物品集中存放的设备、设施，私人物品有序集中摆放。

应具备工具箱，如五金工具箱（钳子、锤子等）、药品箱（创可贴、体温表、酒精、纱布、棉签等），家用电器的维修卡、清洁用品箱（肥皂、洗衣粉、消毒液、地板蜡水）、服务通讯录（物业电话、送水电话等）等要集中存放。

另需注意的是，为了减少因个人物品过多而存放不方便的问题，工作场所个人物品要减至最少。

5. 物品根据需要的低、中、高用量或重量进行分类分层存放

（1）使用频率高的物品放置于外侧或中间层。

（2）使用频率低放的物品置于低层或高层。

（3）大体积、大重量物品放置于低层。

6. 循环整理

整理是一个永无止境的过程。现场每天都在变化，昨天的必需品在今天可能是多余的，今天的需要与明天的需求必有所不同。整理贵在日日做、时时做；偶尔突击一下，做做样子，就失去了整理的意义。因此，常整理是实施六好的重要步骤之一。

7. 一天工作计划表和排序

结合物业工作的实际情况，制订一套实用高效的工作计划表。物业工作基本上都是以一天为周期，每天的工作基本上都有规律。然后，再结合每周与月的安排，内容不多可以备注的形式放于表中。这样，将帮助你更好地做好工作。

表 2 - 3   工作计划表

姓名：   年   月   日

时间	工作内容

8. 一整套工具

一整套工具有两层意义，一是让工作人员明确要准备哪些常用工具；

二是告诉工作人员，物品要坚持"一是最好"的原则，尽可能不要重复，即以"简洁够用"为原则。

9. 1 小时会议

如每周组织一个大概 1 小时（这里是指用较少的时间进行有效沟通，如果可以用 1 分钟、10 分钟也可以）工作会议。会议守则：准备议程、准时开会、关掉手机、发言简洁、准时结束。

10. 一站式服务

一站式的意思是指服务有序、周到，让人心顺且觉得有效率。

一站式服务的要点包括，自己对工作多学习掌握相关知识，多主动工作，予人方便。

可以提供的一站式服务包括：

①电话咨询——一定要清楚各项服务内容。

②客户投诉——处理流程和原则。

③顾客失物——上报，上交，认领管理。

三、整理的流程

现场检查→区分必需品→分类→清理非必需品→非必需品的处理→每天循环整理→改善。

四、整理小提示

1. 非要物即为不要物

在不要物处理的过程中，容易犯的一个错误就是看什么东西都觉得好，都不舍得丢。这是人之常情，对自己曾经拥有或使用的东西不忍心放弃。所以在开展此项工作时，应持的态度是"坚决处理"，掌握的原则是"非要物即为不要物"，对于模棱两可拿不准的物品要坚决清理掉。

2. 需要与想要的区别

现实中，人们主观上总是想要收集物品，然而许多人都混淆了客观上的"需要"与主观上的"想要"的概念。他们从一开始就在犯错误，在保存物品方面总是采取一种保守，即"以防万一"要用的态度。但管理者做出决定是很关键的，哪些物品是必需的？不是客观上必需的物品就应扔掉，是客观上的必需的物品就应弄清需要的数量，而把其余的物品扔掉，如果是借来的物品，就应该将它们归还。

正确的价值意识是"使用价值"，而不是"原购买价值"，有些物品可能买回时很贵，但现实中却用不着，可还是有不少人认为它很有价值，一直放着"占地方"。

3. 从易到难逐步整理

有时不能一次整理完，就分次整理，从易到难是一个很好的方法。

4. 从零乱根源着手

源头治理是治根本。零乱根源的例子有：未及时舍弃无用的物品；未定期整理、清扫。

5. 整理思想，去除杂念

"整理"一词，不仅用于物品与环境，也可以用于思想。人之所以变得有修养，有三个要点：去除不要的知识和思想，存留良好的有用的，学习与补充必要的。

当今世界，人们创造了大量物质与观点，但有些物品是不必要的，当以智慧心辨别，科学地进行取舍。

简洁往往是大美，然而世界是包罗万象的，这就需要企业根据自己的实际情况，有智慧地进行整理，创造出优良的风格。

第三章
◀二好——整顿好▶

对整理之后留下的物品分类，放置整齐，合理方法，取用方便。

一、整顿好简介

1. 含义

对整理之后留下的物品进行分类，放置整齐，合理方法，取用方便。旨在用最短时间可以取得或放好物品。这里的"顿"，是放置、安顿的意思。

整顿是从流程合理化的角度来考量的，包括以下三层含义：

（1）物品要按规定定位。在现场，每一项物品都必须放置在正确的地方，在需要的时候随即可取用。每项物品应有一个特定的位置，而且必须放在该位置。

（2）定位以后，要明确标示物品的状态。例如，地面上的标线，是否正确地标示出来？通道上有没有障碍物？整顿做得好的话，任何物品没有定位就很容易看得出来。

（3）物品用完以后，要物归原位。

2. 主要内容

（1）定点、定容、定量。

（2）物品的标识。

（3）坚决贯彻按确定的区域、方法存放各类物品的原则。

3. 目的

整顿是整理工作的继续深化。如果说整理是为了制造干净、清爽的环境，那么整顿就是在此基础上使其更加有序化、合理化。整顿的目的包括以下四个方面：

（1）节省存放与寻找物品的"时间"，从而提高工作效率。

（2）使流程更加规范、更加合理化。

（3）塑造"目视管理"（指一眼看得懂的管理）的工作环境。

（4）消除过多的积压物品，这是提高效率的基础。

整顿的主要改善对象是"时间"，生活中最大的时间浪费在于"选择""寻找"所花费的时间，亦即由无整理、无定位、无标识、无归位的"四无"所造成的。因此，整顿要形成任何人都能明白所需物品的环境状况，达到一目了然的境地。

二、整顿好的 10 点实操

1. 分析目前现状

（1）分析实际情况，如物品的存拿是否方便，不方便的原因是什么，用什么方法予以解决

以下是取物品时存在的一些典型问题：

①不知道要取的物品叫什么，盲目寻找。

②多种物品混放，未分类，难以寻找。

③物品存放未定位，不知道到何处去找。

④不知道物品的标识规则，须查对。

⑤物品无标识，视而不见。

⑥无状态标识，取用了不适用的物品等。

⑦存放地方太远，存取费时。

⑧存放分散，取用费时。

⑨不知道物品去向，反复寻找。

⑩存放方法不当，难以取用。

⑪无适合的搬运工具，搬运困难。

⑫重复往返，浪费时间。

⑬存放地点没有此物品，但不知道是否已用完或别人正在使用。

⑭不知道是否有零件存在（既没有总账，也没处可问）。

⑮没有运输的通道，导致取用不方便。

当你进行分析后，你会发觉哪些问题要解决，然后用适当的方法将之一一处理好。

（2）原因对策

——物品堆放在一起→分类整理；

——物品拿取不方便、名称不清→标识整理；

——不知物品放在哪里→定置管理；

——物品难以区分→目视管理。

2. 物品有一个清楚的名和家

每一件物品还应该有一个存放的地点，就像每个人有一个家一样。

物品种类繁多，如果我们像寄信一样，给每个物品安排一个固定位置就等于给这个物品安了一个家，这样就容易找到。

放在哪里合适？物品的放置场所原则上要100%设定，如没有时常移动需要，地点应固定为好。

大家都有这样的生活经历，当把每一样物品规定一个位置且每次取放均在相同的位置时，就会大大提高使用物品的效率，因为你不用花时间思考上次用完放到什么地方了，也不用花时间在众多物品中把它挑选出来，你只要直接到"约定俗成"的位置去取就可以了。

定点应用实用方法：

（1）要容易辨认，清楚展示对象或储存处名称。

（2）对放置场所，如有必要可实行画线定位。

（3）有利客户原则。

"有利客户"原则是指所有物品的摆放要以提供最便捷、最温馨的服务为出发点，即客户的感受是决定物品摆放的首要因素。

根据实际的条件、作业者的作业习惯、物品的使用频率、拿取是不是方便以及作业的合理性规定等来确定物品放在哪一个位置比较方便，并对布局进行充分讨论及研究，确保物品摆在应该放置的地方，必要时对物品的放置场所明确区分的方法，如图3-1所示，使用胶带或隔板将物料架划分为若干区域，这样使得每种物品放置都有明确的区域，从而避免物品之间的混乱堆放。

各单位应根据现场的具体情况（特别是食堂、仓库等项目）确定物品的放置场所。

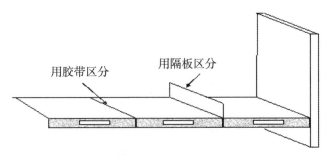

用胶带区分

用隔板区分

图 3 - 1　物料架的划分

重点关注的物品包括以下内容：

①文件、资料；

②公告、通告；

③维修工具、器具、维修材料；

④应急、抢险物资、消防器材；

⑤易燃、易爆、有毒及污染环境、限制贮存的物品；

⑥钥匙；

⑦安全操作用具（如绝缘靴、绝缘手套、高压验电笔、绝缘棒等）；

⑧保洁工、器具；

⑨绿化工、器具；

⑩临时堆放物品。

（4）易拿易放易管理。

对于重点关注物品的摆放涉及一个三易原则，具体是指物品的摆放位置在符合"有利客户"原则的前提下充分考虑物品的用途及使用者的习惯，尽量做到容易拿取、容易放置和容易管理，以节省寻找的时间，从而提高工作效率。这一原则在仓库物品的管理中得到充分体现。

易取：多长时间之内取到你所需要的物品？通常30秒内可取出及放回物品。

易放：物品使用完毕后放回原处所用的时间。

易管理：管理方便，简单。

因此，尽可能简化取出或储存的过程，常用物品要容易取得。

（5）安全储存。

比如，清洁用具，扫把、拖把有一个专门的地点挂起，并标明扫把、拖把专用。这样每次都会快速地在同一个地方换到，另外，拖把挂起还能有效延长使用寿命。

（6）约定定位法。

有些物品因为本身的特性或企业的规定不适合用标示来定位，还有些物品使用非常频繁，对于这些物品，可以采用约定定位法，也就是约定一个物品摆放位置而不使用任何看得见的标识，并且在使用这些物品的所有人员中达成共识。

对于某些特殊物品还要特殊考虑摆放位置。例如，危险物品、避光物品、有温度要求的物品等。

对于储存方法有一个小提示需注意：

决定物品应该怎样放置，储存物品首先应考虑日后的时间问题。每一物品仅仅采用了一种统一的名称还不够，还应该有一个存放的地点，就像每个人有一个家一样。

决定物品放在哪，就把那里当作它们的家，这是很关键的。如果工具的存放地点标明在工具上，而工具名称也标明了地点，那么证明你做对了。以下步骤值得遵循：

（1）每件物品都有一个名称。

（2）每件物品都有一个存放地点，且每件物品都应该放在为它预设的地点。

（3）要容易辨认，清楚展示对象/储存处名称。

（4）简化取出/储存的过程，常用物品要容易取得，通常30秒内可取出及放回文件和物品。

（5）安全储存。

整顿的"三要素"：场所、方法、标识。具体来说，可运用"名人生码家"管理。即，名：名称；人：责任人；生：领用时间；码：编码、规格；家：存放位置。

3. 容器要合适

常用药品及五金工具等，都要用合适的容器来储存。这样可以方便工作人员在使用时不用花太多时间去寻找。

4. 物品摆放整齐

对物品的摆放，要讲求整齐美观。

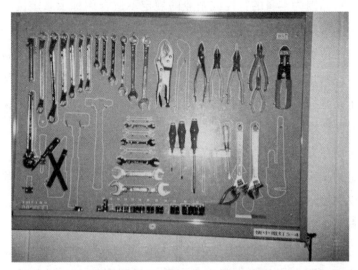

图 3-2　放置方法之一：形迹管理

图 3-3　放置方法之二：连接线标识

5. 存档控制表

物品有存档总表及存档期限或最高最低量指引，以便更准确地做好管理。

仓库中如果物品种类繁多，而且采购日期及保质期也不尽相同，为了更好地了解到相关信息，工作人员在储物柜旁边应张贴一张控制总表，这样，既可以了解其使用情况，还可以防止其变质。

6. 先进先出的安排

例如，明确清洁用品的可用期限、使用次序及先进先出的安排。

7. 标识方法

标识起着指示、提醒的作用，让人持续按规范进行。对于标识，在应用中，也有标签这一称谓。

在日常生活中，标识无处不在，比如食品的标签、高速公路上的路标、办公室的门牌等。这些标识的共同特点就是传达给人们一种共享信息，即让人们看到这些标识的时候，不用开口询问就能获取关于物品的一些相关情况。

（1）标识的步骤：

首先，明确哪些物品需要做标识，哪些物品不需要。并不是所有的物品都需要做标识，也不是标识越多越好，应根据物品的特性和用途来决定。

其次，设计标识既要符合功能需要，又要符合审美需要。

最后，标识初稿应交由雇主审核确定，定稿之后，就可以制作并使用了。

（2）标识的应用：

①放置场所和物品原则上一对一表示（仓库的货位卡）。

②现物的表示和放置场所的表示（目录）。

③在表示方法上多下功夫。

以下列举 3 个事例。

举例 1：开关标识明确。

当有 3 个或 3 个以上开关集中到一起组合成开关组时，往往容易混淆

每个开关控制的终端，比如电源开关组、空调开关组。开关标识的目的就在于清楚开关所控终端，便于精确控制，同时避免资源浪费。

举例2：材料分类区域标示方法。

如图3-4所示，作为材料种类的分类标识，明确各种类材料的位置。与库房平面布置图相结合，以便在最短时间内找到该种类材料的位置。

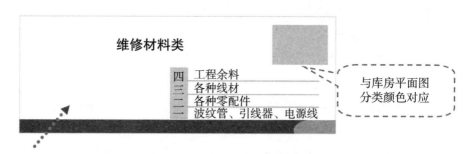

图3-4 材料分类区域标识

举例3：固定资产标示方法。

产品名称：电脑　　　　编号：×××

购买单位：（销售单位）　联系电话：（销售单位电话）

购买时间：2014年12月18日

使用部门：×××

使用期限：5年

责任人：×××

需要注意以下几点：

（1）整顿的结果要成为任何人都能立即取出所需东西的状态。

（2）要站在新人、其他有关工作人员的立场来看，使得什么东西该放在什么地方更为明确。

（3）要想办法使物品能立即取出使用。

（4）使用后要能容易恢复到原位，没有恢复或误放时能马上知道。

在标识处理中存在一种误区，就是标识越多越好、越显眼越好。其实不然，标识的数量和位置应服从标识的用途。

概括来说，标识用途分为两类：服务用和管理用。服务用的标识应尽量位置明显，温馨亲切；管理用的标识应明确管理责任且位置相对隐蔽，只要企业员工能看到、看懂即可，一切以不影响客户感知为前提。部分标识还应根据工作中可能出现的突发事件（如人员变动）考虑样式的灵活性，比如活动方式、可更改式、可替换式等。

8. 现场指示标识

现场指示标识，就是在工作场所做一些简单易懂的提示。提示内容包括：操作标准、安全提醒及规律指示。

9. 整洁的通告板

通告板有独立标题及编号，负责人及定期更换指引。

10. 30 秒内可取出和放回物品

只要工作人员按照以上的要求做好了相关工作，即可以保证在 30 秒之内取出你想要找的任何物品和文件。

按照常规的程序进行整理后，不仅能提高工作效率，还能减少出错，甚至连小孩都能轻松、准确地找到并取出物品。

图 3 - 5　抽屉内物品的放置

三、整顿实操图例

最佳方法必须符合"容易拿取"的原则，并确定保留在工作场所或其附近的物品的数量。物品以不影响工作为前提，数量越少越好。

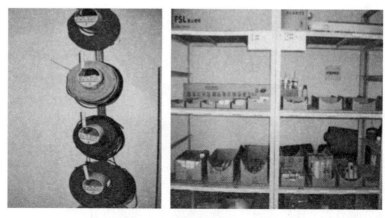

图 3 - 6　整顿实操图例（一）

　　电线/仓库物品摆放，小零件被分门别类地放在不同的容器里，线材使用挂钩挂放的方式，使得取拿物品及管理物品变得非常方便。

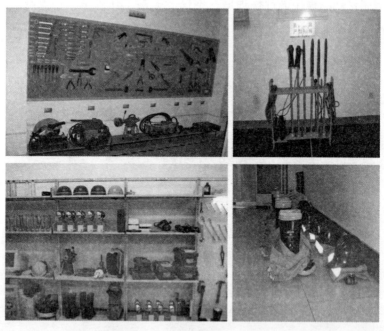

图 3 - 7　整顿实操图例（二）

　　对物料架的空间进行了细致的划分，同类物品集中存放，各种物料均按照规定的位置和顺序摆放，并且清楚地标识出来，针对材料的不同特征

（如重量、使用频率）分别存在货架的高、低处，便于取用及保证操作安全。

特别说明：

（1）安全操作用具等需使用特殊存放办法；

（2）个人维修工具用合适的容器盒装放，建议有工具清单或实物照；

（3）应急工具集中存放，需有清单及管理要求。

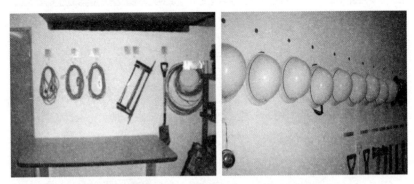

图3-8 不能摆放在工具架上的工具分类挂在墙壁上

特别说明：

（1）明确共同使用的梯子应有定位并编号；

（2）在梯身上注明存放位置名称；

（3）梯子未使用时应用相关的链子将梯子锁住，防止梯子摆放不平，造成不必要安全事故的发生。

图3-9 钥匙、报刊的管理

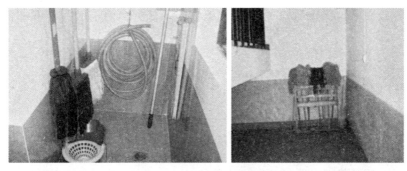

图 3 - 10　抹布、拖把等清洁工具悬挂放置

　　这样做的好处是：一是可充分利用空间；二是可以保持工具的洁净；三是可延长清洁工具的使用寿命。对于高标准场所，利用颜色或标签区分清洁工具所使用的场所和对象，则体现出了专业和规范。

图 3 - 11　没有规划的摆放（要拿到想要的物品则非常困难）

第四章

◀三好——清洁好▶

　　管理者应该创造一个员工和客户喜欢的环境，清除垃圾、防止污染，达到清洁、干净、亮丽的优良状态。

一、清洁好简介

1. 含义

对现场或物品进行清除垃圾、防止污染，达到清洁、干净、亮丽的优良状态。

每个人都应该清洁地方，并有负责清洁、整理、检查的范围，其格言不仅是"我不会使东西变脏"，而且是"我会马上清理东西"。这个含义中最重要的两个字是"保持"。也就是说，清洁并不仅仅是我们通常所说的打扫卫生，它只是其内容的一部分，比打扫卫生更重要的是如何采取有效措施以维护良好的状态。

此前这一好也叫"清扫"，用心分析，觉得清扫是动词，表达操作，而清洁不仅作动词用，有清扫的表达功能，还是形容词，表达目的，因此认为清洁更能表达含义，所以改为清洁。

2. 主要内容

（1）清洁运动——对责任区域进行彻底的、全面的扫除，首先创造一个良好的环境。

（2）建立清扫要求基准作为规范。

（3）实施点检——采取有效措施来持续维护物业环境。

（4）检查评比——互相监督，互相帮助，最终达到共同提升的目的。

（5）卫生修养——卫生习惯。

3. 目的

保持工作场所干净、亮丽的环境；防止环境污染。

注意点：责任化、制度化。

二、清洁好的 9 点实操

1. 工具要识别

了解、掌握一些常用工具及其使用要领。

常见清洁设备有：驾驶式扫地车、自动洗地机、多功能擦地机、高速抛光机、吸尘吸水机、吸尘器、地毯清洗机、吹干机、高压冲洗机。

常用器具包括清扫类：扫帚、畚箕、尘推；洗擦类：拖布、橡胶刮子、毛滚；盛器类：垃圾车、拖布压干车、喷雾器；工具类：梯子、吊板。

常用用品包括擦拭用品：毛巾、抹布；去污用品：刷子、百洁布；开荒工具：刮刀、铲刀、钢刷、砂轮、油石；喷洒工具：喷壶、水桶。

清洁用具的清洁

在清洁活动中，抹布、拖把、扫帚等是最常用的清洁用具。在使用完毕后，如何放置和处理它们是值得研究的一个重要问题。一旦处理不好，容易腐坏、产生异味，既会缩短使用寿命，又会破坏环境、影响美观。

①抹布。抹布是清洁玻璃窗、桌面、设备表面的主要工具。使用完毕后，首先清洗干净，将上面沾染的脏污完全去除，若有油渍一类难以洗涤的东西，应使用肥皂、酒精、清洗剂等辅助用品来达到洁净的目的；其次，将清洗干净的抹布集中在一个阳光充足的地方晾晒。晾晒的方法有两种，一种是平铺在一块干净的平台上，另一种是悬挂在衣绳上；最后，将晾干后的抹布整齐叠放于指定地点，为保持美观，折叠的方法应一致。

②拖把。拖把是清洁地面灰尘和脏污的主要工具。很多企业通常的做法是先将拖把涮洗一下，然后堆放到洗手间或杂物间的角落里。这是错误的处理方法，其不良后果显而易见。那么，怎样做才正确呢？首先，应将用过的拖把彻底清洗干净，并将水挤压掉；其次，在指定放置地点

的墙壁上以相同间距设置挂钩，在每个拖把的尾部安装挂绳，将清洗干净后的拖把悬挂于墙壁上，尾部向上，拖头向下，且拖把应离开地面一定距离；最后，拖头下方应设置污水槽来导流拖把上的残留污水，若没有污水槽，也可以使用污水盆，并将污水及时倒掉，防止产生异味和滋生蚊虫。

③扫把。扫把是清扫地面废弃物的主要工具。扫把既可以像拖把一样悬挂放置，也可以整齐摆放于角落里。但应注意一点，就是保持放置地点的干燥通风。另外，由于扫把本身的特征，放置于地面时容易滑倒，解决这个问题可以使用定位钉。在墙壁的适当位置以相同的间距安装定位钉，然后将扫把按照容易滑倒的方向统一停靠在定位钉上，既整齐美观又牢固可靠。定位钉的高度应在扫把自身高度的中部以上，同时还要避开使用时手习惯握住的位置，以方便拿取。定位钉的长度以等同于扫把把的直径为宜。

除以上处理方式外，若能制作专门的清洁工具橱则效果更佳。橱内用挂钩、隔板等方式放置不同种类的清洁用具，下方是带孔的铁板，底部是放置盛水盆的暗箱。工具橱两侧分别设置几个通风孔，以保持橱内空气的流通。外表可以根据企业特色或者放置房间的装修风格来规定。这样的清洁工具橱既实用又美观，非常适合在管理精细、注重形象的大企业推广使用。

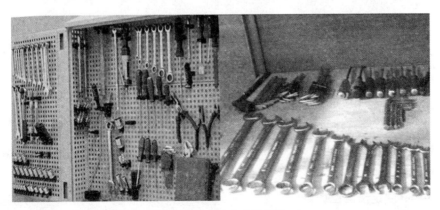

图4-1 摆放有序的工具

清洁用具摆放地点的选择也是有方法的。由于清洁用具仅仅是卫生管理人员在特定时间段使用的工具，且容易影响观瞻，所以摆放地点应该选择在员工和客户视线所不及的地方。有条件的企业最好能设置专门的存放室，无法放置存放室的企业应充分利用现有空间，比如卫生间的角落、一楼楼梯口后面的空间等。放置位置最好能保持通风、干燥，以加强对清洁用具的保养。

2. 认识常用清洁剂

常用的清洁剂有洁厕清、多功能清洁液、去油剂、酒精、消毒纸巾、洗涤灵、金属清洁剂、溶油剂、玻璃清洁液碧丽珠或家私蜡等。

3. 不用"清洁"的清洁和检查

重点是避免不必要的重复清洁及做好预防。

例如，洗了手就擦干净，避免双手甩水在地上的动作。所有东西都应离地面15厘米以上（包括扫把、拖把等的放置，如图4-2所示），让地面没有死角；要么与地相接，不藏污垢。

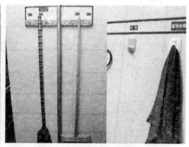

待改善：扫把随意放地上　　　正确：扫把等挂起，离地15厘米以上

图4-2　清洁用具的正确放置

4. 清洁有方法

重点掌握：抹布的擦拭方法、拖布的拖擦方法、扫帚的清扫方法等。如对木器用干的抹布，避免受潮损坏；从天花板做起，按照从上到下的清洁顺序清洁。

5. 制定清洁检查表

有清洁检查表及有关问题跟进负责人。需要根据业主的实际情况，合理安排定期保洁项目与计划。

每天要做的事，三天做一次，六天做一次，十天、半个月、一个月做一次的工作分别有哪些。比如，天花板、吊灯、空调页等，通常不是每天都进行清扫的，而会采取一个月或一周例行清扫一次。

特别提醒：应灵活变通，根据不同季节及业主的实际要求调整清洁计划。

6. 员工自身也要做到清洁

不仅物品要清洁，员工自身也要做到清洁，如工作服要清洁，仪表要整洁，住宿的地方要清洁，及时理发、刮须、修指甲（指甲留长保持1毫米内）、洗澡等。

卫生修养提示：早在先秦时期，古人便"三日一洗头，五日一沐浴"。到了汉代，还出现了"休沐"，就是说官员们上了五天班之后，能专门休一天假来洗澡。

7. 员工应时刻遵守"常清洁的诺言"

"常清洁的诺言"如下：

——我不会使物品变脏，如有变脏，我会及时清洁。

——我不会随地倒水。

——我会马上清理物品。

——我会把掉下来的标示再贴上。

8. 清洁隐蔽的地方

例如，清洁风槽顶；转角及有门、盖的隐蔽地方；空调的过滤网、柜底等。

9. 地面和整体环境保持光洁、明亮、照人

物业区域环境清洁的通用标准是"五无"，即无裸露垃圾、无垃圾死角、无明显积尘积垢、无蚊蝇虫孳生地、无"脏乱差"顽疾。室内做到"六不"，即不见积水、不见积灰、不见杂物、不见脚印、不见烟蒂、不见垃圾黄斑。

对此，建议实施点检。

点检是清洁活动中最常使用的一种方法。其含义是"逐点去检查"，

即不要放过任何一个区域或角落，进行全面的清查。点检不同于清洁运动，它是在清洁运动结束的基础上进行的查缺补漏，以达到更完美的效果。

清洁效果衡量要点包括以下两点：

①地面和墙壁经常保持清洁和干爽，以能反光为标准。

②所有地方用手摸过去，没有灰尘为标准。

在六好中，清洁是一个最浅显的法则，没有什么深奥的道理可讲，但它却是六好中最重要的一法。

三、主要保洁方法的掌握

1. 抹布的擦拭方法

（1）干擦：抹布操作时，就像抚摸似的轻擦，以除去微细的灰尘。如果用力干擦，反而会产生静电黏附灰尘。

（2）半干擦：对于不宜经常湿擦的表面，用干擦又难以擦净的，可用半湿半干的抹布擦拭。

（3）水擦：湿抹布可将污垢溶于水中，去污除尘效果好，随手用干布抹干，以免留下水印。

（4）加清洁剂擦拭：可用抹布沾上清洁剂后擦拭。擦拭后，应再用洗净的湿抹布擦去清洁剂成分，最后用干布抹干。

2. 拖布的拖擦方法

（1）干拖：用干拖布擦拭地面，主要用于擦亮地面，或擦去地面的水迹、油迹等污物。

（2）半干拖：用半湿半干的拖布擦拭地面。这种拖布只留很少的水分即可，不可含水过多。拖擦后，地面上不应留有水迹。

（3）水拖。拖布可将污垢擦拭干净，去污效果好，再用干抹布擦拭干，以免留有水印。

（4）加清洁剂拖擦。可用拖布沾上清洁剂拖擦。之后，再用干净的湿抹布去清洁剂成分，最后用干布抹干。

3. 清洁工具的准备

（1）扫帚。

可转动毛刷式扫帚（多用于清扫室内平滑地面）；小扫帚（用于清扫床铺及沙发等家具）。

①作用：清扫杂物及灰尘。

②使用：扫帚从身体左右两侧往前扫，人在后，边扫边进，扫地时采用直扫法、中央收集法、分块收集法。

（2）垃圾铲：又称"簸箕"，带盖式垃圾铲；三柱式垃圾铲。

①作用：收集扫起的杂物及灰尘。

②使用：将平直的下面放在垃圾边侧，用扫帚将垃圾扫进铲内。

（3）拖布：老式圆拖布（多用于拖擦地面，适用范围广）；扁形活动式拖布（便于拖擦边角，便于浸水压干）；除尘拖布（主要用于各种高档地面的牵尘，以保持地面光亮）。

①作用：用来拖擦地板，可水擦或干擦。

②使用：横拖法和竖拖法，横拖法适用宽敞的区域，竖拖法适用狭窄的区域。

（4）上水器：用于清洗玻璃时用。

（5）玻璃刮：刮洗玻璃污物之用。

（6）手持喷雾器：用于擦拭玻璃、家具、墙壁和装饰物等。

（7）步梯：铝合金或不锈钢制，按长短不同有多种型号。

（8）抹布：一般是棉制毛巾，吸水性好。主要用于擦洗物品表面及地面。

①抹布应选用柔软、吸水性强、质地厚实的棉制毛巾。使用时将毛巾折3次，叠成8层（正反16面），大小比手掌稍大一点。

②3折后叠成8层的毛巾，一面用脏后再用另一面，16面全用脏后，洗净拧干再用。

③擦拭一般家具的抹布，擦拭饮食用具的抹布，擦拭卫生间的抹布等要严格区分，可以使用不同颜色以示区分。

④擦拭时应按从右至左（或从左至右），先上后下的顺序，先用力均

匀擦拭物体表面，再擦边角，不要漏擦。

⑤有油污的地方，可用百洁布或刷子等特殊工具除去后再擦拭。

（9）水桶、掸子、垃圾桶、清洁刷、清洁刀。

4. 清洁剂的准备

（1）洁厕剂：清洁卫生间坐便器专用的一种酸性清洁液，用于清除水垢、污垢、尿垢。pH值在5以下，呈酸性。

（2）多功能清洁液：一种中性多用清洁液，含多种表面活性物，用于清除物体表面的轻污垢，pH值在6~7。

（3）去油剂：一种强力去除厨房油污的清洁液，碱性清洁液pH值在8以上。

（4）酒精：可挥发性液体，具有消毒、去污的效果。可清洗家电的屏幕。

（5）消毒纸巾：多用于家电外壳的清洁，可用于屏幕和外壳，主要除去表面灰尘。

（6）洗涤灵：多用于餐具的清洁等。

（7）金属清洁剂：多用于生活类家电的清洁，如空调等。

（8）溶油剂：多用于灶具、灶台、排油烟机的日常保洁等。

（9）玻璃清洁液：适用于玻璃门窗、镜子。

（10）碧丽珠或家私腊：用于家具清洁、上光、保护，一次性完成。适用于木制品、桌面、皮革、电气仪表、金属物品等。

清洁时的注意事项包括以下几点：

（1）抹布要拧干，要像脱过水的一样，叠整齐后再开始使用。抹布要专用，不同物品不同部位要用不同的抹布，每次清洁后要将所有抹布洗净晾干，要在专用的水盆里洗擦灰尘的抹布。

（2）每次清洁之前准备好所有的工具，以免跑来跑去浪费时间。所擦拭的物品要原拿原放，尽量分类摆放，有文字的面朝外，文字不能颠倒。

（3）做清洁要有计划，除每天必须做的以外要合理安排定期清洁的项目，如每周换洗的清洁工作等。

四、清洁卫生公约

为保持本小区清洁卫生，各业主、住户和进入本区的其他人员应共同遵守，互相监督，特定如下公约：

（1）各业主、住户须使用垃圾袋，于早上 8 点、午后 2 点投入垃圾桶内，高层业户于每天晚上将垃圾袋投入垃圾桶内，以便保洁员清运，不准把垃圾长时间摆放在门口、走廊或楼梯间。

（2）严禁任何人员在小区内随地吐痰，乱丢纸屑、烟头、果皮及瓜壳，违者罚款××元。

（3）不准乱倒垃圾、杂物、污水和随地大小便，违者罚款××元。

（4）禁止把垃圾、布屑、胶袋等杂物投入厕所或下水道，如因使用不当导致堵塞或损坏，业户应负全部修理费用。

（5）小区内任何公共地方，均不得乱涂、乱画、乱贴及乱竖指路牌、广告牌等，违者负责清除和粉刷费用；如属小孩所为，则由家长负责。

（6）养宠物必须符合政府的有关规定。

（7）业户装修完毕，应立即清扫，不得将废物弃于走廊、楼梯道及公共场所。

（8）区内商业网点不得在公共场所、走廊堆放物品或占用公共场地扩大营业场地，应在指定地方放置垃圾桶，不得造成蚊蝇孳生地。

（9）业主、住户不得向室外（即窗外或阳台外）倾倒污水、抛丢纸屑、烟头、杂物等，违者罚款××元。

（10）凡违反以上规定者，物业管理处有权根据政府有关卫生管理规定或城市管理规定给予处罚，或在公共场所公布其行为。

五、业户保洁要求

（1）严禁随地吐痰，随地丢果皮、烟头、废物、杂物，随地倾倒垃圾（业户的生活垃圾须装入垃圾袋中按时放到指定地点）。

（2）不准随地大小便（小孩随地大小便，追究家长的责任）。

（3）不准饲养宠物、"三鸟"和家禽。

（4）不准乱竖广告牌，乱贴标语、广告、启事。

（5）不准乱堆建筑垃圾和建筑材料。

（6）严禁搭建各类违章建筑。

（7）不准在公共场地、花木上拉绳晾晒衣物。

（8）不准攀登、涂污园林雕塑小品。

（9）严禁从楼上往下抛撒杂物、泼水。

（10）严禁在楼梯间、通道、屋面、平台等处堆放垃圾杂物。

六、管理处主任巡检制度

为完成物业公司下达的目标管理责任制，加强部门内部各项管理工作，指导和协调内部人员工作要求和工作关系，管理处主任对各项工作有必要进行检查和监督，使小区楼宇管理工作更加富有成效。

（1）管理处主任对物业公司经理进行负责，具体负责分管住宅楼区域公共设施的清洁、卫生、杀虫灭鼠、绿化美化、日常维修等管理工作。

（2）管理处主任每月必须对上述管理工作范畴全面检查一次，并进行认真记录，每月对各项管理工作的实施情况进行评价，并填写相应表格。

（3）管理处主任负责制订每月管理工作实施计划，并对工作计划逐项进行检查、指导和落实，抓住管理工作中的薄弱环节，统筹安排，合理布置。

（4）管理处主任应对住宅楼公共设施管辖范围、卫生区域责任范围、消杀范围及重点部位、绿化责任区域做到心中有数，在每次全面检查过程中要针对存在的问题找出原因和解决办法，及时督促楼管员或责任人前去处理，并将处理结果记录下来，事后检查完成情况。

（5）管理处主任应对各项管理工作高标准、严要求，除每个月定期检查以外，还应采取不定期的抽查，突出重点，兼顾全面。在抽查过程中可走访部分业户，虚心听取业户意见和建议，增强与业户之间的良好关系，努力改进工作要求和提高质量标准，取得业户的理解、支持、配合与信赖。

（6）管理处主任负责制定各项管理工作的整改措施，对检查出来问题较为严重的，应发出书面的纠正和预防措施，要求楼管员或责任人限期整改，使存在的问题得到根本解决。

（7）管理处主任每月对各项管理工作完成情况做出评价，评价结果与楼管员、清洁工、绿化工、维修工的奖金或工资直接挂钩，奖勤罚懒，奖优罚劣。

七、25 条清洁操作标准

1. 楼道

（1）清洁范围：

楼道梯级、扶手、墙面、电子门、信报箱、配电箱、消防栓、消防管道、楼道门窗、楼道灯开关及灯具的清洁。

（2）清洁作业程序：

①备扫把、垃圾铲、胶袋、胶桶、拖把各一只，从底层至顶层自下而上清扫楼道梯级，将果皮、烟头、纸屑收集于胶袋中然后倒入垃圾车；用胶桶装清水，洗净拖把，拧干拖把上的水，用拖把从顶层往下逐级拖抹梯级，拖抹时，清洗拖把数次。

②备抹布一块，胶桶（装水），自下而上擦抹楼梯扶手及栏杆，擦抹时，清洗抹布数次。

③清洁消防栓、管：备扫把一把，胶桶（装水），抹布两块（干、湿各一块）。先用扫把打扫消防管上的灰尘和蜘蛛网，再用湿抹布擦抹消防栓及玻璃，然后用干抹布擦抹玻璃一次，按上述程序逐个清洁。

④清洁墙面、宣传板、开关：备干净的长柄胶扫把、胶桶（装水）、抹布和刮刀。先用扫把打扫墙上的蜘蛛网，再撕下墙上贴的广告纸。如有残纸时，用湿抹布抹湿残纸，慢慢用刮刀刮去，撕下宣传板上过期的资料和通知，用湿抹布擦抹干净；将抹布清洗干净，尽量拧干水分，擦抹各楼

道灯开关板。

⑤清洁电子门：备梯子一个，胶桶（装水）和抹布。用湿抹布从上往下擦抹电子门和信报箱一遍。擦抹时，清洗抹布数次，然后用干抹布抹信报箱以及电子门上的号牌和按钮。

⑥用干抹布擦抹配电箱、电表箱上的灰尘和污迹。

⑦清洁窗户玻璃：备玻璃刮，清水一桶，清洁剂，按《玻璃门、窗、镜面的清洁》进行作业。

⑧每小时巡视检查楼道内外卫生一次，将广告纸、垃圾清扫干净。

（3）清洁标准：

①每星期清扫、擦抹两次。梯级每月用拖把拖抹一次，窗户玻璃每月清洁一次。

②目视楼道：无烟头、果皮、纸屑、广告纸、蜘蛛网、积尘、污迹等。

（4）安全事项：

擦抹配电箱时禁用湿毛巾，不得将配电箱门打开，以防触电造成意外。

2. 地下室、天台、转换层

（1）清洁范围：

地下车库、地下室除设备间以外的所有公共场地、裙楼平台、转换层、天台。

（2）清洁工作程序：

①每天早晨____点和下午____点，分两次用扫把清扫地下室、地下车库的地面及公共梯间的台阶，清除地面及排水沟内的垃圾、杂物，并将垃圾运至地面垃圾屋。

②用胶管、长柄刷冲刷地面的油污、油渍。

③上楼清扫天台、裙楼平台、转换层地面、明暗沟内的垃圾、杂物，并将垃圾运至地面垃圾屋。

④协助垃圾清运人员将垃圾运至垃圾中转站。

⑤每隔两小时巡回清扫一次地下车库地面，清除杂物。

⑥每周打开地下室、车库的集水坑和排水沟盖板，彻底清理疏通、冲刷一次。

⑦每月清扫一次天棚、冲刷地面、墙身一次，用去污粉刷洗油污的地面一次。

⑧每月用清洁液、毛巾擦拭一遍消防栓、指示牌、消防指示灯、防火门等公共设施。

⑨每两个月用干毛巾擦拭灯具一次。

⑩地下室和转换层管线每两个月用鸡毛掸子或扫把清扫灰尘一次。天台、裙楼平台的水管线每两个月冲刷一次。

（3）清洁标准：

①地下室地面无油渍、污渍，无大块瓜果皮壳、纸屑，墙面无污迹。

②标识牌、公共设施目视无明显灰尘。

③天台、转换层及裙楼平台无积水、杂物，管线无污迹。

（4）安全事项：

①清洁完天台后将天台门锁好，防止发生其他事故。

②车库清洁时，注意进出车辆，防止撞伤。

3. 房屋天面、雨篷

（1）清洁范围：

住宅区内房屋的天面、平台、雨篷。

（2）清洁作业程序：

①备梯子一个，编织袋一只，扫把、垃圾铲各一把，铁杆一条。

②将梯子放稳，人沿梯子爬上雨篷，先将雨篷或天面的垃圾打扫清理装入编织袋，将袋提下倒入垃圾车内，将较大的杂物一并搬运上垃圾车。

③用铁杆将雨篷、天面的排水口（管）疏通，使之不积水。

（3）清洁标准：

①每周清扫一次。

②目视天面、雨篷：无垃圾，无积水，无青苔，无杂物，无花盆（组合艺术盆景和屋顶花园除外）。

（4）安全事项：

①梯子必须放稳，清洁人员上下时应注意安全。

②杂物、垃圾袋和工具不要往下丢，以免砸伤行人，损坏工具。

4. 值班室、岗亭

（1）清洁范围：

管理处各值班室和治安、车辆岗亭。

（2）清洁作业程序：

①备抹布、胶桶（装水）、玻璃刮、鸡毛掸、扫把、拖把等工具，以及洗洁精。

②按从上往下，由里到外的程序进行清洁。

③用鸡毛掸子扫去墙上的灰尘和蜘蛛网，再扫去桌椅上的灰尘。

④用扫把打扫地面；用湿抹布擦抹值班桌椅，洗干净抹布，再抹门、窗及岗亭外墙。

⑤用干净抹布重抹一次桌椅和门、窗、玻璃。

⑥用洗干净的拖把拖抹地面及过道。

⑦值班室如有其他办公设备时应同时清洁。

⑧清洁岗亭后用抹布擦抹道闸。

⑨有污迹时，倒少许洗洁精用抹布擦洗。

（3）清洁标准：

①目视：无灰尘、无污迹、无烟头、无杂物，门窗玻璃透明。

②每天清洁一次。

（4）安全事项：

清洁道闸时应注意行驶车辆，防止撞人。

5. 大堂

（1）清洁范围：

大堂的地面、墙面、台阶、天棚、宣传牌、信报箱、电梯、垃圾桶、消防设施、风口、灯具、装饰柱、门口不锈钢宣传栏。

（2）清洁作业程序：

①每天____点和____点，分两次重点清理大堂，平时每小时保洁一

次，重点清理地面和电梯轿厢内的垃圾杂物。

②用扫把清扫大堂地面垃圾，用长柄刷蘸洗洁精清除掉污渍和香口胶。

③清倒不锈钢垃圾桶，洗净后放回原处。

④用尘拖或拖把拖掉大堂地面尘土和污迹后，将垃圾运至垃圾屋。

⑤清扫电梯轿厢后，用湿拖把拖两遍轿厢内地板。

⑥用干毛巾和不锈钢油轻抹大堂内各种不锈钢制品，包括门柱、镶字、宣传栏、电梯厅门、轿厢。

⑦将湿毛巾拧干后，擦抹大堂门窗框、防火门、消防栓柜、指示牌、信报箱、内墙面等公共设施。

⑧先用湿拖把拖两遍台阶，再将干净的湿拖把用力拧干后再拖一遍。

⑨用干净毛巾擦拭玻璃门，并每周清刮一次，用湿毛巾拧干后，擦净电子对讲门。

⑩出入口的台阶每周用洗洁精冲刷一次。

⑪每月擦抹灯具、风口、烟感器、消防指示灯一次。

⑫每两个月对大理石地面打蜡一次，每周抛光一次；地砖地面和水磨地面，每月用去污粉、长柄手刷彻底刷洗一次。

（3）清洁标准：

①地面无烟头、纸屑、果皮等杂物，无污渍，大理石地面、墙身有光泽。

②公共设施表面用纸巾擦拭，无明显灰尘。

③不锈钢表面光亮无污迹。

④玻璃门无水迹、手印、污迹。

⑤天棚、风口目视无污迹、灰尘。

（4）安全及注意事项：

①擦拭电器开关、灯具要用干毛巾以防触电。

②大理石打蜡抛光由班长组织会同操作人员统一进行操作。

③拖地时不要弄湿电梯厅门，以免腐蚀。

6. 公用卫生间

（1）清洁范围：

楼内所有公用卫生间。

（2）清洁作业程序：

①每天____点一____点，____点一____点，分两次重点清理公用卫生间。

②打开门窗通风，用水冲洗大小便器，用夹子夹出小便器内的烟头等杂物。

③清扫地面垃圾，清倒垃圾篓，换新垃圾袋后放回原位。

④将洁厕水倒入水勺内，用厕刷蘸洁厕水刷洗大、小便器，然后用清水冲净。

⑤用湿毛巾和洗洁精擦洗面盆，大理石台面，墙面、门窗标牌。

⑥先将湿毛巾拧干擦镜面、窗玻璃，然后再用干毛巾擦净。

⑦用湿拖把拖干净地面，然后用干拖把拖干。

⑧喷适量香水或空气清新剂，小便斗内放入樟脑丸。

⑨每两小时进行保洁一次，清理地面垃圾、积水等。

⑩每月用干毛巾擦灯具一次，清扫天花板一次。

（3）清洁标准：

①天花板、墙角、灯具目视无灰尘、蜘蛛网。

②目视墙壁干净，便器洁净无黄渍。

③室内无异味、臭味。

④地面无烟头、污渍、积水、纸屑、果皮。

（4）工作过程中应注意事项：

①禁止使用碱性清洁剂，以免损伤瓷面。

②用洁厕水时，应戴胶手套防止损伤皮肤。

③下水道如有堵塞现象，及时疏通。

7. 楼层通道地面

（1）清洁范围：

所有楼层通道地面，包括大理石地面、水磨石地面和水泥地面（不包括楼梯间）。

（2）清洁作业程序：

①每天上午用扫把对各楼层走道地面和后楼梯台阶清扫一次。

②每周用拖把拖走道地面和后楼梯台阶一次。

③每月用长柄手刷蘸去污粉，对污迹较重的通道地面彻底清刷一次，再用拧干的湿毛巾，抹净墙根部分踢脚线。

④大理石地面每两个月打蜡一次，每周抛光一次。

（3）清洁标准：

①大理石地面目视干净，无污渍，有光泽。

②水磨石地面和水泥地面目视干净，无杂物，无污迹。

（4）工作过程中应注意事项：

洗刷楼道时，防止水流入电梯门和住房门内。

8. 不锈钢

（1）清洁保养范围：

护栏、标牌、电梯轿厢、不锈钢雕塑、宣传栏等。

（2）作业程序：

①先用兑有中性清洁剂的溶液抹不锈钢表面。

②然后用无绒毛巾抹净不锈钢表面上的水珠。

③置少许不锈钢油于无绒毛巾上，对不锈钢表面进行拭抹。

④表面面积大的可用手动喷雾枪将不锈钢油喷于不锈钢表面，然后用无绒干毛巾拭抹。

（3）清洁保养标准：

①哑光面不锈钢表面无污迹、无灰尘，半米内可映出人影。

②镜面不锈钢表面光亮，3米内能清晰映出人物影像。

（4）安全注意事项：

①上不锈钢油时不宜太多，防止沾污他人衣物。

②在清洁电梯外厅门时应防止厅门开关造成的意外。

③要使用干净的干毛巾，防止砂粒划伤不锈钢表面。

9. 玻璃门、窗、幕墙

（1）清洁范围：

玻璃门、窗、玻璃幕墙，门厅镜面装饰柱，各种镜面。

（2）作业程序：

①先用刀片刮掉玻璃上的污迹。

②按玻璃清洁剂与清水1∶5的比例兑好玻璃清洁溶液。

③把浸有玻璃清洁溶液的毛巾裹在玻璃刮上，然后用适当的力量按在玻璃顶端从上往下垂直洗抹。

④污迹较重的地方重点抹。

⑤除掉毛巾用玻璃刮，刮去玻璃表面上的水分。

⑥一洗一刮连贯进行，当玻璃的位置和地面较接近时，可以把刮作横向移动。

⑦用无绒毛巾抹去玻璃框上的水珠。

⑧最后用地拖拖抹地面上的污水。

⑨清刮高处玻璃时，可把玻璃刮套在伸缩杆上。

（3）清洁保养标准：

玻璃面上无污迹、水迹；清洁后用纸巾擦拭____厘米内无灰尘。

（4）安全注意事项：

①高空作业时，应两人作业并系安全带，戴安全帽。

②作业时，注意防止玻璃刮的金属部分刮花玻璃。

10. 灯具

（1）清洁保养范围：

各住宅区内的路灯、楼道灯、走廊灯、办公室和各活动场所的灯具。

（2）作业程序：

①准备梯子、螺丝刀、抹布、胶桶等工具。

②关闭电源，架好梯子，人站在梯子上，一手托起灯罩，一手拿螺丝刀，拧松灯罩的固定螺丝，取下灯罩。

③先用湿抹布擦抹灯罩内外污迹和虫子，再用干抹布抹干水分。

④将抹干净的灯罩装上，并用螺丝刀拧紧固定螺丝。

⑤清洁日光灯具时，应先将电源关闭，取下盖板和灯管，然后用抹布分别擦抹灯管和灯具及盖板，重新装好。

（3）清洁保养标准：

清洁后的灯具、灯管无灰尘，灯具内无蚊虫，灯盖、灯罩明亮清洁。

（4）安全注意事项：

①在梯子上作业时应注意安全，防止摔伤。

②清洁前应首先关闭灯具电源，以防触电。

③人在梯子上作业时，应注意防止灯具和工具掉下碰伤行人。

④用螺丝刀拧紧螺钉，固定灯罩时，应将螺钉固定到位，但不要用力过大，防止损坏灯罩。

11. 自行车房

（1）清洁范围：

小区内的自行车房，自行车棚。

（2）作业程序：

①备扫把、胶桶、抹布等工具。

②用扫把清扫自行车房（棚）内的果皮、纸屑、灰尘、垃圾等。

③用干净扫把将房（棚）顶上、墙上的蜘蛛网、灰尘清除。

④用湿抹布擦抹棚架和自行车房拉门及窗网。

⑤将自行车棚内的自行车按顺序排列整齐。

⑥对没有使用积尘明显的自行车，每周用鸡毛掸打扫自行车上的灰尘；长期停放超出规定时限且又影响观瞻的车辆按《车辆管理规定》处理。

（3）清洁标准：

①每天打扫两次，目视无果皮、纸屑、蜘蛛网，墙面无灰尘。

②自行车摆放整齐，无积尘。

③棚架每月抹一次；拉门、窗每周抹一次；棚顶每周清扫一次。

12. 公共场地和马路

（1）清洁范围：

小区的汽车道，人行道，消防通道，羽毛球场，门球场。

（2）作业程序：

①用长竹扫把把道路中间和公共活动场所的果皮、纸屑、泥沙等垃圾扫成堆。

②用胶扫把垃圾扫入垃圾斗内，然后倒进垃圾手推车。

③对有污迹的路面和场地用水进行清洗。

④雨停天晴后，用竹扫把把马路上的积水泥沙扫干净。

（3）清洁标准：

①每天打扫三次，每小时循环保洁一次，从早上____点一____点，保持整洁。

②公共场地、路面无泥沙，无明显垃圾，无积水，无污迹。

13. 绿地

（1）清洁范围：

物业管辖内草地和绿化带。

（2）作业程序：

①用扫把仔细清扫草地上的果皮、纸屑、石块等垃圾。

②对烟头、棉签、小石子、纸屑等用扫把不能打扫起来的小杂物，弯腰用手捡入垃圾斗内。

③在清扫草地的同时，仔细清理绿篱下面的枯枝落叶。

（3）清洁标准：

①每天早晨、上午、下午各清扫一次以上，每小时循环保洁一次，保持清洁干净。

②目视无枯枝落叶，无果皮、饮料罐，无____厘米以上石块等垃圾和杂物；烟头控制在____平方米____个以内。

14. 散水坡和排水沟

（1）清洁范围：

物业管辖区内的散水坡和排水沟。

（2）作业程序：

①用扫把清扫散水坡上的泥沙、果皮、纸屑等垃圾。

②用胶扫把清扫排水沟里的泥沙、纸屑等垃圾，拔除沟里生长的杂

草，保证排水沟的畅通。

③用铲刀、钢丝刷清除散水坡及墙壁上空调滴水的污迹及青苔。

④先用洗洁精清洗，再用清水冲洗，检查一遍发现不干净的地方再用铲刀仔细刮。

⑤收拾好工具。

（3）清洁标准：

①目视：干净，无污迹，无青苔，无垃圾和沙石。

②有空调滴水的地方按作业程序第③、④条每星期擦洗一次，散水坡和排水沟每天保洁在 3 次以上。

15. 游乐场

（1）清洁范围：

物业管理区内的游乐场所。

（2）作业程序：

①备抹布、胶桶、扫把等工具以及清洁剂。

②用抹布抹干净秋千、跷跷板上的灰尘。

③倒少许清洗剂在污迹处，用抹布擦抹，然后用水清洗干净。

④用扫把将沙坑外的沙扫入坑内，同时清扫游乐场内及周围的纸屑、果皮等垃圾。

（3）清洁标准：

①滑梯每半月清洗一次，其他设施每周抹一次，清洁后保持无灰尘、污迹。

②每天将场地扫三遍，每小时循环保洁一次，目视游乐场周围整洁干净，无果皮、纸屑等垃圾。

（4）清洁过程中注意事项：

①发现游乐设施损坏，报告班长或服务值班室。

②发现游乐的人特别是小孩未按规定使用游乐设施时，应予以制止、纠正。

16. 停车场

（1）清洁范围：

物业管辖区内停车场。

（2）作业程序：

①备胶水管、扫把、胶刷、垃圾斗等工具和清洁剂。

②用长柄竹扫把将垃圾扫成若干堆。

③用垃圾斗将垃圾铲入垃圾车中。

④发现有杂物一起清运上垃圾车。

⑤用胶管接通水源，全面冲洗地面，发现油迹和污迹时，倒少量清洁剂在污迹处，用胶刷擦洗，然后再用水冲洗。

⑥清洁周围排水口和下水道，保证排水畅通。

（3）清洁标准：

①目视地面：无垃圾、果皮、纸屑，无积水、无污迹和杂物。

②每天清扫两次；每周用水冲洗地面一次。

（4）安全注意事项：

①发现机动车辆漏油，应通知车主并及时用干抹布抹去燃油后，再用洗洁精清洗油污，以免发生火灾。

②清洁时应小心细致，垃圾车和工具不要碰坏其他车辆。

17. 雕塑装饰物、宣传栏、标识宣传牌

（1）清洁范围：

物业管辖区内的雕塑、宣传栏、标识宣传牌。

（2）作业程序：

①雕塑装饰物的清洁：备长柄胶扫把、抹布、清洁剂、梯子等工具。用扫把打扫装饰物上的灰尘，人站在梯子上，用湿抹布从上往下擦抹一遍；如有污迹，用清洁剂涂在污迹处，用抹布擦抹，然后用水清洗。不锈钢装饰物按《不锈钢的清洁保养操作标准》操作。

②宣传栏的清洁：用抹布将宣传栏里外周边全面擦抹一遍，玻璃用玻璃刮清洁，按《玻璃门、窗、幕墙清洁操作标准》操作。

③宣传牌、标识牌的清洁：有广告纸时，先撕下纸，再用湿抹布从上往下擦抹牌，然后用干抹布抹一次。

（3）清洁标准：

①宣传牌每周清洁一次。

②室内标识牌每天清洁一次。

③雕塑装饰物每月清洁一次，清洁后检查无污迹、积尘。

（4）安全注意事项：

①梯子放平稳，人勿爬上装饰物，防止人员摔伤。

②清洁宣传栏玻璃时，小心划伤手。

③清洁工具不要损伤被清洁物。

18. 喷水池

（1）清洁范围：

物业管辖区内的喷水池。

（2）作业程序：

①平时保养：地面清洁工每天用捞筛对喷水池水面漂浮物进行打捞保洁。

②定期清洁：打开喷水池排水阀门放水，待池水放去 1/3 时，清洁工入池清洁；用长柄手刷加适量的清洁剂，由上而下刷洗水池瓷砖；用毛巾抹洗池内的灯饰、水泵、水管、喷头及电线表层的青苔、污垢；排尽池内污水并对池底进行拖抹；注入新水，投入适量的硫酸铜以净化水质，并清洗水池周围地面污迹。

（3）清洁标准：

目视水池清澈见底，水面无杂物，池底洗净后无沉淀物，池边无污迹。

（4）安全注意事项：

①清洗时应断开电源。

②擦洗电线，灯饰不可用力过大，以免损坏。

③清洁时，不要摆动喷头，以免影响喷水观赏效果。

④注意防滑，跌倒。

19. 室外地面

（1）清洁范围：

物业管辖区红线范围内的室外公共区域地面包括道路、绿化带等。

（2）工作程序：

①每天____和____，分两次用扫把、垃圾斗对路面、绿地进行彻底清

扫，清除地面果皮、纸屑、树叶和烟头等杂物。

②每天____一____，____一____，每隔半小时巡回清扫保洁一次，每天下班后____一____由班长安排人员轮值保洁。

③用铲刀清除粘在地面上的香口胶等杂物。

④发现污水、污渍、口痰，需在半小时内冲刷、清理干净。

⑤果皮箱和垃圾桶每天上午、下午各清倒一次，并用长柄刷子蘸水刷洗一次。

⑥垃圾屋附近地面每天在上午、下午用水冲洗两次，每周用洗洁精刷洗一次。

⑦沙井、明沟每天揭开铁箅盖板彻底清理一次。

⑧室外宣传牌、雕塑每天用湿毛巾擦拭一次。

⑨每月用水冲洗有污迹地面、墙身一次。

（3）清洁标准：

①地面无杂物、积水，无明显污渍、泥沙。

②距宣传牌、雕塑半米处目视无灰尘、污渍。

③果皮箱、垃圾桶外表无明显污迹，无垃圾黏附物。

④沙井、明沟内无积水、无杂物。

（4）安全注意事项：

①大风天气注意高空坠物。

②下雨天由班长视具体情况安排工作。

③高温天气需戴遮阳帽，以免中暑。

④冲刷路面、墙面时不得使用消防水。

20. 地下雨、污水管井疏通

（1）工作范围：

物业管辖区内所有地下雨、污水管道和检查井。

（2）作业程序：

①用铁钩打开检查井盖，人下到管段两边检查井的井底。

②用长竹片捅捣管内的黏附物。

③用压力水枪冲刷管道内壁。

④用铁铲把粘在检查井内壁的杂物清理干净。

⑤用捞筛捞起检查井内的悬浮物，防止其下流时造成堵塞。

⑥把垃圾用竹筐或桶清运至垃圾中转站。

⑦放回检查井盖，用水冲洗地面。

⑧雨、污水检查井每半月清理一次。

⑨雨、污水管道每半年彻底疏通清理一次。

（3）清洁标准：

清理后，眼看检查井内壁无黏附物，井底无沉淀物；水流畅通，井盖上无污渍污物。

（4）安全注意事项：

①掀开井盖后，地面要竖警示牌，并有专人负责监护以防行人跌入。

②掀开和盖上井盖时应注意防止用于减震的单车胎掉入井内。

③如发现管道堵塞、污水外溢时，立即组织人员进行疏通。

④作业时穿全身制边身裤，戴橡胶手套。

21．垃圾中转站

（1）工作范围：

物业管辖区内的垃圾中转站。

（2）作业程序：

①时间：每天上午＿＿＿和下午＿＿＿开始清运工作，将垃圾车运至垃圾中转站清倒垃圾。

②两人配合将手推车推上作业平台，将垃圾倒入垃圾压缩车内，然后就地冲洗垃圾车。

③清扫散落在地面上的垃圾并装回垃圾压缩车。

④用洗洁精冲洗垃圾中转站内的地面和墙面。

⑤每周用喷雾器喷"敌敌畏"药水，对垃圾中转站周围＿＿＿米内消杀一次。

（3）清洁标准：

①目视垃圾站内无杂物、污水、污垢。

②垃圾站内无臭味。

③垃圾日产日清。

④垃圾车外无垃圾黏附物，垃圾车停用时摆放整齐。

22. 化粪池

（1）清洁范围：

物业管辖区内所有的化粪池。

（2）作业程序：

①雇用吸粪车一部（含5米长胶管3条，8米长竹杆1条）。

②用铁钩打开化粪池的盖板，敞开15分钟后，再用竹杆搅化粪池内杂物结块层。

③把车开到工作现场，套好吸粪胶管放入化粪池内。

④启动吸粪车的开关，吸出粪便，直至化粪池内的化粪结块物吸完为止。

⑤盖回化粪池井盖，用清水冲净工作现场。

⑥每半年清理一次。

（3）清洁标准：

污水不能溢出地面。

（4）安全注意事项：

①吸粪作业时，防止弄脏工作现场和过往行人的衣物。

②因吸粪车的噪声较大，故应避开住户的休息时间进行作业。

③揭开盖子后，要有专人看护，清理后盖实，以防行人跌入。

④化粪池内的沼气有毒、易燃，故应待充分散发后才能作业，且周围不得有明火。

23. 垃圾池（箱）

（1）清洁范围：

物业管辖区内的垃圾池，果皮箱。

（2）作业程序：

①用铁铲将池内垃圾铲入手推车内，用扫把将剩余垃圾扫干净后，打开水阀用水冲洗池内外一次。

②用去污粉或洗衣粉撒在垃圾池内外瓷砖和垃圾池门上，用胶刷擦洗

污迹。

③疏通垃圾池的排水道，清洁周围水泥面。

④打开水阀，用水全面地冲洗垃圾池内外，同时用扫把或胶刷擦洗。

⑤关闭水阀，收回水管，锁好垃圾池铁门。

⑥垃圾桶或果皮箱的清洁：清除箱内垃圾后，将箱搬到有水源的地方，先用水冲洗一遍；然后对污迹处倒少许去污粉擦洗，再用水冲洗干净，搬到原处放好。

（3）清洁标准：

①目视无污迹，无广告纸，每天清运、清洗两次；垃圾池和箱每周用去污粉清洁一次。

②垃圾池周围不积污水。

24. 吊篮清洗外墙

（1）高空吊篮下吊施工前的准备工作：

①查看作业现场，确定作业方案。重点查看屋顶状况，确认能否安装吊篮，吊篮在屋顶移动有无障碍，霓虹灯、广告牌等是否妨碍作业等，并确定作业方案。

②天气预报无大风、雨雪及高温、低温报告，现场测试风力小于6级。

③准备清洗工具，如水桶、水枪、水管、抹水器、刮水器、清洗滚筒、毛巾、板刷、百洁布、铲刀吸盘以及清洁剂、溶剂等。

④两名操作员工携带清洗工具和用品进入吊篮后，系好保险带。

（2）高空吊篮下吊作业前的安全检查：

①高空吊篮下吊作业必须实行安全"三查"，即下吊员工自查、班长互查、主管检查。

②检查按以下规定进行：

• 检查吊篮各部位，如吊篮紧固件、连接件、提升机、安全保护装置、钢丝绳、电缆线等是否完好，确认无隐患后方可工作。

• 检查屋面吊臂结构悬挂装置的连接件、紧固件、牵引绳是否稳固、完好，确认无隐患后方可工作。

• 检查下吊用安全绳的长度有无损伤或断股，一经发现，该绳禁止

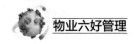

使用。

● 确认安全绳的长度在建筑物顶部固定后，应仍有比该建筑物高度相对长的长度。

● 检查下吊员工背戴的保险带有无损伤，一经发现，则禁止使用。

● 检查连接在保险带上的自锁器是否灵活可靠，若有损伤，一经发现，禁止使用。

● 检查安全绳在建筑物顶部的绑扎固定部位是否牢固，一经发现不符合要求，则停止工作。

● 检查下吊员工的着装是否符合以下要求：头戴安全帽；身着长袖工作上衣和长工作裤，腐蚀性环境应着耐腐蚀工作服；脚着软底胶鞋，腐蚀性环境应着防腐蚀工作鞋。

● 检查安全绳在建筑物顶部"女儿墙"直角转折处是否垫有防止绳索磨断的衬垫；若发现未垫，则应立即停止工作。

● 下吊员工保险带上的自锁器要扣在安全绳上，而不是扣在吊篮上。

● 在该作业现场的地面区域内设围栏作为安全区域，并安排一名地面安全员，阻止行人通行。发现未安排地面安全员或未设置围栏，则停止工作。

● 检查建筑物顶部安全员的工作态度，发现问题，停止工作。

（3）操作过程：

①先用水枪喷射墙角，除去浮尘。

②将抹水器浸入桶中，待完全吸入清洁剂后均匀地涂抹于墙面或玻璃面。稍后，即用刮水器上下和左右刮玻璃、窗框表面及边角位置，交叉对拉，不漏刮，再用毛巾擦拭干净。

③一个位置结束后，将吊篮放至下部同一位置进行清洁，当纵向从上到下一个位置清洁完毕后，再横向左或右移动至相邻一个位置，从上到下清洁。

④全部作业完成后，收拾整理机器设备和工具，撤去地面围栏和告示牌，将地面水迹擦净。

⑤进行设备清洁保养，清除灰尘和脏物后，再将设备放进仓库。

25. 吊板清洗外墙

（1）高空吊板下吊作业前的准备工作：

①勘察现场。建筑物顶部必须有固定吊板绳和安全绳的牢固构件，绳子下垂经过位置不得有尖锐棱角锋口。如有尖锐棱角锋口，必须经过特殊安全处理。在高压电源区无法隔离时，不得进行工作。

②天气情况与吊篮操作要求相同。

③准备清洗工具，如吊板、吊板绳、安全绳、水枪、水管、抹水器、刮水器、清洗滚筒、毛巾、板刷、百洁布、铲刀、吸盘以及清洁剂溶剂等。

④吊板绳和安全绳直径不得小于16毫米。

（2）高空吊板下吊作业前的安全检查：

①检查下吊用吊板绳、安全绳，有无损伤或断股，一经发现，该绳索禁止使用。

②检查坐板有无裂纹，吊带是否反兜，坐板底面及吊带有无损伤，一经发现，应禁止使用。

③确认吊板绳、安全绳的长度在建筑物顶部固定后，应仍有比该建筑物高度相对长的长度。

④确认高空下吊员工每人一根吊板绳、一根安全绳，严禁一人一绳危险操作。一经发现，必须停止工作。

⑤检查高空下吊员工背戴的保险带有无损伤，一经发现，则禁止使用。

⑥检查座式登高板连接的下滑扣（"V"形扣）的固定销栓是否可靠，若有损伤，一经发现，禁止使用。

⑦检查连接在保险带上的自锁器是否灵活可靠，若有损伤，一经发现，禁止使用。

⑧检查吊板绳、安全绳在建筑物顶部的绑扎固定部位是否牢固，吊板绳、安全绳在建筑物顶部的绑扎固定部位不得在同一受力处，必须是分别的两处。一经发现不符合要求，则停止工作。

⑨检查下吊员工的着装是否符合以下要求（同吊篮操作）。

⑩检查吊板绳、安全绳在经过建筑物顶部"女儿墙"直角转折处是否垫有防止绳索损伤的衬垫，发现未垫，则停止工作。

⑪检查下吊员工配带工具是否都与保险带常用绳索相连接，发现未连接或连接绳索太细等问题，则停止工作。

⑫在该作业现场的地面区域内设置围栏作为安全区域，并安排一名地面安全员，阻止行人通行，发现未安排地面安全员或未设置围栏，则停止工作。

⑬检查建筑物顶部安全员的工作态度，发现问题，停止工作。

（3）操作过程：

①操作人员坐于规定位置，将所有的用具连在吊板上。

②缓缓将吊板下放，到达第一次工作位置。

③用水枪对准工作位置喷水，初步除去灰尘。

④将抹水器浸入桶中，待充分吸入清洁剂后均匀地涂抹于墙面或玻璃面。稍后，用刮水器刮玻璃或墙面，最后用毛巾擦拭干净。

⑤边下滑、边作业，直至一趟作业完毕。降至地面后，卸下水桶、吊板等，再上屋顶开始第二次作业。

⑥整个工作过程，安全员必须自始至终在现场监督。

⑦将吊绳、安全绳收好，并检查一遍破损情况。如发现绳子破损，应做报废处理；如绳子完好，则送回仓库，放置于干燥通风的地方，并做好绳子使用记录。

第五章

◀四好——安全好▶

做好预防、时常检视，达到人、财物与环境三方面安全。

一、安全好简介

1. 含义

做好预防、时常检视，达到人、财物与环境三方面安全。

贯彻"安全第一，预防为主"的方针，消除事故隐患，落实工作场所的安全保障措施，保证人身安全、财产安全和环境安全。

2. 主要内容

（1）建立、健全各项安全管理制度；

（2）对操作人员的操作技能进行训练；

（3）及时检查安全情况；

（4）建立安全环境。

3. 目的

安全就是创造一个零故障、无意外事故发生的环境，让人身与财物不受伤害。可细分为以下几点：

（1）让员工放心，更好地投入工作；

（2）没有安全事故；

（3）有责任有担当，万一发生时能够应付；

（4）管理到位，客户更信任和放心。

安全不仅仅是意识，它需要当作一件大事独立、系统地进行，并不断维护，安全工作常常因为细小的疏忽而酿成大错，光强调意识是不够的。因此，笔者将其提升到"维护"之前，成为一个行动要素。

东汉政治家荀况在总结军事和政治方法论时，曾总结出"先其未然谓之防，发而止之谓之救，行而责之谓之戒，但是防为上，救次之，戒为下"。这归纳用于当今家庭安全管理上，也是精辟的方法论。

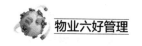

二、安全好的 10 点实操

1. 完善安全管理措施

例如，制定现场安全作业基准；预防火灾的措施；安全注意事项等。

制定现场安全作业标准方面举例：

（1）物品按规定要求放置，堆积时要遵守高度限制，避免倾倒；

（2）办公区、小区内灭火器、消防栓、出入口、疏散口禁止堵塞；

（3）电线安装符合安全用电规定，无乱拉电线问题；

（4）区域内高压配电房、压力容器、电梯等特种设备应有专人操作、维护。

四防一必须：有水防滑；低矮防碰；拐弯防撞；狭窄防挤；必须有提示。

2. 对设备进行安全操作标示

采用易懂的图片形式进行标示。对于操作技术要求严谨的，要求新手必须在有相关人员指导下才能操作，直到掌握后才能安排独立操作。正确使用电器、工具，防止意外事故的发生。

3. "紧急出口"标志和走火逃生指示

各分区张贴走火路线图，紧急事故应变指引。

4. 掌握紧急呼救基本知识

（1）有火情发生时应立即拨打电话"119"。

（2）有违法事件时应立即拨打电话"110"。

（3）有交通事故时应立即拨打电话"122"。

（4）有危重病时应立即拨打电话"120"。

5. 防止感染等卫生安全

生熟食品分开存放、垃圾桶加盖、生吃的食物必须洗干净。

6. 隐患及时除

找出存在安全隐患的地方并找到合理的解决办法。如煤气管道定期检查等。

7. 安全知识有教育

事先进行训练是防范的好方法。例如，知晓安全常识；处理紧急情况

（如走火警、急救）的训练。

8. 需消毒场地或者工具按规范清洗消毒

有消毒设备或者对应做法。

9. 灭火器及其他安全设施应在指定位置放置及处于可使用状态

设置急救药箱及位置，定期检查急救用品及消防设备。

10. 建立安全环境

如整体布局、安全意识教育和配置完善的安全设备等综合方面。细节方面，如为防滑倒，装修地板时多采用防滑砖，如果已经装修不方便改，建议加装防滑地胶。用电安全提示。

三、物业安全管理的常见事项

此处以写字楼为例，安全管理的常见事项包括治安管理、消防管理、车辆管理、装修管理。

1. 治安方面

（1）加强治安防范：

主要是加强保安措施，配备专门保安人员和保安设备（报警装置、门户密码开启装置、闭路电视监控器等），加强写字楼内部及外围保安巡逻，防止人为破坏治安秩序，杜绝各类可能发生的事故。

（2）建立有效的保安制度：

①按需配齐保安固定岗和巡逻岗的实际人数。

②确定巡逻的岗位和线路，做到定时定点定线巡逻与突击检查相结合，特别注意出入口、隐藏处、仓库、车库、车棚等处。

③建立 24 小时固定值班、站岗和巡逻制度，做好交接班工作。

（3）日常工作要求：

①与街道、派出所建立密切联系，随时了解社会治安动态。

②采取发放通行证、出入证、来访登记措施，控制人流、物流、车流。

③有效控制外来人员，确保形迹可疑人员或无明确目的的探访人员不逗留社区。

④对外来施工人员或供方人员需进行登记、佩戴明显标志，对其行为举止进行有效管理。

⑤加强物业基础档案的管理，熟悉业主和使用人基本情况，掌握物业管理区域内的结构布局、设备性能等情况。

⑥及时、正确处理各种突发事件。

⑦填写每日工作信息和特别工作报告。

⑧严禁保安人员滥用权力，如使用武力、武器、随意搜身、抄身等。

2. 消防方面

（1）指导思想是：以防为主，宣传先行，防消结合。

（2）一般写字楼的消防系统主要有：

①干式消防系统；

②湿式消防系统；

③消防联动机构；

④火灾报警系统。

（3）消防工作的展开：

①进行消防宣传；

②建立三级防火组织，并确立相应的防火责任人；

③把防火责任分解到各业主、租户单元；

④明确防火责任人的职责，制定防火制度；

⑤定期安排消防检查，根据隐患限期整改；

⑥制定防火工作措施；

⑦配备必需、完好的消防设备设施；

⑧及时消除火灾苗头和隐患；

⑨建立自防、自救组织；

⑩明确火灾紧急疏散程序；

⑪建立消防档案；

⑫制订灭火方案及重点部位保卫方案；

⑬消防通道畅通，无阻碍物和无不符合消防规定的门等设施。

3. 车辆管理

（1）停车场应有清晰、有效、规范的安全、交通标识。

（2）所有机动车（不含摩托车）施行一车一单据（纸制凭据（牌）或电子凭据）、进出有凭据或车辆进出要登记的封闭管理，对纸制凭据和电子凭据至少保持 1 个月的追溯根据。

（3）机动车停放整齐有序，指挥车辆动作标准规范。

（4）夜晚在机动车场值勤的安全员应着反光衣。

4. 装修管理

（1）装修审批手续齐全。

（2）装修施工人员有统一识别标志。

（3）装修现场关闭通向公共通道内的门窗，禁止灰尘影响其他业主。阳台禁止堆放装修物品和其他易燃易爆物品。装修现场禁用明火，禁止乱拉电线，禁止使用大功率电器，特种作业需取得相关资质证明。

（4）装修现场配备一定的消防器材，原则上每 50 平方米至少配备 1 台 2 千克灭火器，不足 50 平方米的，按 50 平方米计算。

（5）装修期无破坏周边环境现象，规定装修垃圾在指定时间搬运到指定地点。

（6）装修监管制度和流程完善，有明确的责任分工和责任人。

保安风险的规避：

治安方面——指协助警方，并不能保障业主的人身和财产安全；合同约定的事项；突发事件的处理；注意留存有利证据。

消防方面——主要监控装修期间；注意电器的使用；建立好消防档案；加强设施管理；消防自救；提高人员素质。

停车方面——合理收费；防盗；减少损坏；加强监控；车辆的检查。

四、紧急事件处理

1. 火警火灾处理

了解和确认起火位置、范围和程度；报警；清理通道，迎接消防车；

组织人员疏散和抢救物资；组织义务消防队在保证安全的前提下控制火势；封锁现场，等待有关方面人员到达。

2. 燃气泄漏处理

不可控时，立即通知燃气公司；到达现场，禁止使用任何电器，避免产生火花；关闭气阀，打开门窗；视严重情况，疏散人员；有人受伤，送往医院；燃气公司到达，协助排查消除隐患。

3. 电梯故障

乘客被困，通过监控轿箱内情况，对被困者进行安抚；立即通知专业人员到现场救助；重点关注老人、孩子、孕妇；督促维保单位彻查消除隐患；将事故记录备案。

4. 电力故障处理

（1）突然停电时，相关人员立即到现场，查明确认故障源，组织抢修；

（2）有备用电源或发电设备立即切换供电线路；

（3）立即派人检查确认电梯内是否有人，做好应急处理；同时加强防范，确保不因停电而发生异常情况；

（4）恢复供电后，要检查电梯、消防系统、安防系统的运转情况。

5. 恢复供电时应做的事

（1）恢复供电应先检查各类家用电器与设备是否处于安全待机状态；

（2）恢复供电后，合闸顺序应为：各配电房→分配房→开关箱→家庭总闸→分闸；

（3）恢复供电后，应等待一段时间后，待电压稳定时，再打开电器。

6. 漏水处理

检查漏水位置及水质；若漏水可能波及电气设备，立即通知相关部门或人员采取紧急措施；排除积水，清理现场；拍照现场，留档备用。

7. 高空坠物

发生高空坠物后，有关管理人员立即到现场，确定造成的损失。若伤人立即送医院；若财产损坏，要保护现场拍照取证并通知相关人员。确定坠落物来源；及时协调受害人与责任人处理；事后张贴提示标志，告知业户。

五、装修现场消防处理案例

某日凌晨，保安像往常一样对大厦进行巡视，当巡逻至11层时，发现1101室窗内有火光，巡视保安一边向出事地点奔去，一边用对讲机向班长报告。闻讯后班长及增援的保安提着灭火器立即赶到现场，1101室已浓烟滚滚。此时室内的装修民工乱成一团，正毫无目的地挥打衣服，试图灭火。地上被打翻的蜡水及装修材料正熊熊燃烧，旁边还有一只液化气罐，液化气罐一旦爆炸，后果则不堪设想。

班长当即命令先将液化气罐搬离现场，同时疏导室内装修人员撤离，自己则和其他保安抱起灭火器，顶着火焰和浓烟向燃烧点靠近，轮番喷射，火终于被扑灭了。事后查明起火原因是该室装修人员用液化气罐烧烤蜡水，导致蜡水温度过高，引起火灾。

点评：

虽然保安发现火情能够迅速反应、及时组织灭火，但却忘了拨打119报警。如果火势发展凶猛，单靠保安力量控制不了，再想起拨打119，那将延误救火，后果不堪设想。服务中心应吸取教训，完善突发事件处置方法的培训，提高保安对突发事件的处理能力。

严格规定现场必须配备灭火器，禁止违章动火作业、存放液化气罐等现象，服务中心在办理装修手续时应对装修现场的消防安全做出明确规定，加强装修管理的力度和对装修民工消防安全知识的宣传，加强对装修现场的巡查，对不规范操作和危险行为要及时发现、坚决制止。

第六章
◀五好——维护好▶

　　善用制度和视觉管理，与时偕行，贯彻执行和维护前四好成果。

一、维护好简介

1. 含义

善用制度和视觉管理，与时偕行，贯彻执行和维护前四好成果。

确切地说，维护活动还包括利用创意、不断超越，从而更好地维护。

"维护"一词，原本指维持保护，使免于遭受破坏，或者维修护理。在六好管理中，如何维护成果呢？关键就是定出合理制度、方法与检查，以及维护的习惯。

2. 主要内容

（1）完善制度；

（2）时常检查摆设、清洁、安全，及时纠正不达标现象，补贴标签；

（3）运用视觉管理；

（4）培养维护的观念和习惯。

3. 目的

维护整理、整顿、清扫、安全等的成果。

注意点：制度化，定期检查。正所谓："认真对待每一件小事，有规定按规定做。"

二、维护好的 10 点实操

1. 制定责任制度、检查标准

（1）责任划分明确，使整理、清洁、安全有人负责，检查可以追究。

每一个岗位、区域都有专人负责，并将负责人的名字和照片贴在相应处，避免了责任不清、互相推诿的情况发生，且通过不断鼓励，增强员工

荣誉感与上进心，即使主管与经理不在，员工也知道该怎么做和自己要负的责任。

香港的垃圾箱管理

香港的环境以一流的整洁著称，为什么能取得这样的效果呢？从香港的垃圾箱管理你就会明白，垃圾箱的文字如下（见图6-1）：

图6-1　香港的废屑箱管理

废屑箱外弃置垃圾属违法，最高罚款25000元及入狱六个月。

此废屑箱的清理服务由承办商力新清洁有限公司负责，并由食物环境卫生署监管。承办商须每日清理废屑箱（包括烟灰缸）五次，分别于上午8：30、11：00，下午3：30、5：30及晚上11：30前完成。

如有任何意见或投诉，请致电油尖区环境卫生办事处（电话：××）或食物环境卫生署热线（电话：28680000）

就这么一个做法，运用了六好管理中的多个方面：

①垃圾箱明确标明责任人与监管，符合《六好管理》中个人清洁责任的划分及认同，即维护中的"责任划分明确"。

②对不遵守者有明确的处罚度。这涉及两个重要方面，一是维护；二是促进修养（对乱弃置垃圾者进行重罚，引导人们按正确的方法做）。

③运用制度管理的方法，也可见于古代。一次我路过宜宾码头，就发现1664年的清洁环保碑刻，是一位姓李的县令所立，明确规定：东关水门，禁倒污秽，就近居者，各宜遵守，倘敢故犯，立即重罚。如图6-2所示。

图6-2 1664年的清洁环保碑刻

（2）制订检查标准表。

推行任何活动，除了要有一个详尽的计划表，在推行的过程中还需要对每一个重要项目进行定期检查，根据检查反馈所得的资料，采取相应的措施对活动的进程加以控制。要落实管理行为并突显成效，查检表是一项重要的工具。

查检表是对重要项目进行定期检查时所采用的表格，是6S活动执行进度的标准。通过查检表的应用，能够得到项目推行进展的最新情况。一旦发现活动出现偏差，就可以根据检查所获得的资料，及时地采取适当的修正措施。

查检表也可以作为互相查检的工具。无论是哪一种查检行动，都要从本身开始，并与大家一起进行改善，使改善的事项明确化，同时通过和其他单位查检的比较，借鉴别人的经验，作为自己工作单位改善的模板。

 特别说明

（1）查检表上的项目要随着 6S 活动的执行过程、各单位现况等而改变，不能一直使用同一套表格，否则看不到需要改善的项目变动的过程。

（2）在 6S 活动的推行过程中，也需要引入 PDCA 循环：在计划（Plan）阶段，主要拟定活动目标，进行活动计划及准备；在执行（Do）阶段，要执行宣传、训练等实际工作；在检查（Check）阶段，运用查检表等工具进行查核；在处理（Action）阶段，针对查核到的异常情况采取一些必要的改进措施。

查检表示例如表 6 - 1 所示。

表 6 - 1　　　　　　　　　　**公共区域**

标准	查检情况
没有用途不明之物	
没有内容不明之物	
没有不要之物	
没有乱放之物	
地板上：无废纸、灰尘、杂物、烟蒂	
墙壁上：无过时的标语、通知、过期的公告物品、无用的箱、架、损坏的时钟	
无不再使用的配线配管、不亮的灯管，设施、设备完好	
标识清晰，无破损、卷边等	
垃圾桶清洁、不污染墙面	

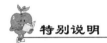 **特别说明**

通告、公告等都是在告知，是目视管理的一种常用的方法。布告通告的注意事项：

（1）要在指定场所张贴，不要随便到处张贴；

（2）指明有效的期限或随时更新；

（3）悬挂的位置地点必须仔细地考虑，以便阅读者能看到全部内容；

（4）公告、通告的内容最好使用计算机打印。

通告、公告、信息、废旧电池的管理，彰显企业形象。

图 6-3　公共区域

没有用途不明之物、没有内容不明之物、没有乱放之物，标识清晰，无破损、卷边等。

图 6 – 4　垃圾桶摆放示例

　　垃圾桶离墙壁约 2 厘米，带盖子的垃圾桶应以打开盖子时不破坏墙面为宜，避免破坏墙面及污染墙面，在有必要或可能的情况下画线定位放置。

表 6 – 2　　　　　　　　　　　　办公区示例

标准	查检情况
无不要的或过期的东西（包括电子文档、档案、图表、文具用品、公告、通告等）	
地上、门窗、墙壁清洁	
桌面、抽屉内、柜子上没有灰尘、不杂乱、破旧的书籍、报纸	
工作椅、凳正常完好	
办公设备无污浊及灰尘	

续　表

标准	查检情况
办公设备处于正常状态、无故障	
管路配线不杂乱，电话、电源线固定得当	
饮水机干净	
报架上报纸整齐排放	
文件柜、文件架内文件取拿方便	
盆景摆放，没有枯死或干黄	
没有乱放的个人物品	
使用公物时，能确实归位，并保持清洁	
个人离开工作岗位，物品整齐放置	
下班后设备电源关好	
下班时桌面整理清洁	

图 6-5　办公区示例

表 6-3　　　　　　　　　设备房示例

标准	查检情况
设备上无不必要的物品、工具	
计测器、工具等正确保管，摆放整齐	
设备卡、巡检表定期记录，定位放置	
设施、设备、工作台、地面、门、窗、墙壁没有灰尘	

续　表

标准	查检情况
设施、设备、地上画线无油漆剥落	
管路配线不杂乱，电话线、电源线固定得当	
清洁工具、用品分类归架或悬挂存放	
紧急联系电话清晰准确	
人员动向登记栏清晰准确	

图 6-6　设备房示例

表 6-4　　　　　　　　　维修间示例

标准	查检情况
无不要的或过期的东西（包括文件、图表、标识等）	
地上、门窗、墙壁清洁	
管路配线不杂乱，电话线、电源线固定得当	
物料架、工具架分类清晰、物品取用方便，所有工具、零件等定位摆设并标识	
消耗品（如抹布、手套、扫把等）定位摆放，定量管理	

续　表

标准	查检情况
划定位置按使用频度摆放用具，并隔离摆放沾有油的抹布等易燃物品	
物品摆放与通路平行或成直角	
人员动向登记栏清晰准确	

表6-5　　　　　　　　　　　　仓库示例

标准	查检情况
物料架、工具架分类清晰，物品取用方便，所有工具、零件等定位摆设并标识	
地上、门窗、墙壁清洁	
物品摆放与通路平行或成直角，不许堵塞通道且通道不杂乱	
限定高度堆高	
不合格品隔离	

表6-6　　　　　　　　　　　　标识示例

标准	查检情况
清晰、无破损、卷边等	
危险品有明确标识	
符合 VI 手册的规定	
保证标识的有效性，状态或性质变化了，及时变更标识	

　　员工的修养也是极为重要的。修养的实践始自内心而行之于外，由外在的表现再去塑造内心。提高修养是六好活动的最终目的。例如，下面的查核表有助于外在行为的规范，项目包括日常的六好活动、服装、仪容、行为规范以及时间观念等（见表6-7）。

95

表 6 - 7 行为规范查核表

标准	查检情况
语言礼貌	
举止文明	
着装整洁、符合规定	
工作主动、热情	
有强烈的时间观念（不迟到、早退、无故缺席）	
工作态度良好（无谈天、说笑、看小说、打瞌睡、吃东西）	

图 6 - 7 穿着与站姿示例

实践表明，六好活动开展起来比较容易，可以在短时间内取得明显的效果。但是要长期持续、不断优化却不容易。较易出现"一紧、二松、三垮台、四重来"的现象。因此，必须通过标准化的措施，巩固六好活动的成果。六好的标准不应是一成不变的，在管理过程中，标准化和改善是紧密关联而又不可分割的，改善是标准化的基础，标准化是改善的巩固。没有改善就没有更新的标准化，而没有标准化，所有的改善则只能是作为周而复始的重复，不会累积新的技术而形成层次的提高或突破。如果活用改善和标准化，且两者相互依存，相互促进的关系将能够预测到问题，甚至可以及早地做好防范。

各项目可以采取多种方式将六好成果及要求进行标准化，如纳入管理体系、申报管理服务标准模块、纳入公司六好标准库等，将成果固化下来。

2. 现场工作指引（工作注意事项或提示）

例如，各项设备有清晰的操作指引；节约能源提示等。

这里以打印机操作为例（如图6-8）。

站在使用人的角度，指引使用人按照正确的步骤进行操作，包括正常状态下的操作流程及出现异常或故障等特殊情况下的操作说明。

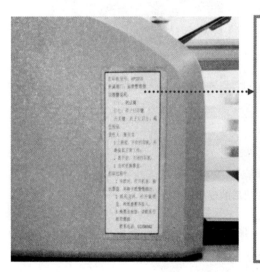

功能键说明：
绿色：测试键、重新开始打印键。
红色：停止打印键。
开关键：打印机左后方，褐色按钮。
打印机操作说明：
1. 根据打印数量，将适量的打印纸叠放整齐放入纸盘并卡紧，如果是废纸利用或双面打印，请将可打印面朝上。
2. 操作电脑进行打印，若打印过程中需终止打印任务，请按红色功能键结束打印任务；若打印中缺纸，重复第一个步骤，并按下绿色功能键即可。
3. 卡纸时，打开机盖，抽出墨盒，再将卡纸慢慢抽出。
4. 换墨及报修，请联系：
联系电话：

图6-8　打印机操作说明

3. 时常检查摆设、清洁、安全，及时纠正不达标现象

时常检查不达标时常会涉及以下一些概念：随时、每班次、每天、每周、每月或更长的一段时间，具体可根据实际情况确定。坚持每天收工前五分钟行"六好"。

在检查执行方法上，主要是要培养自检，同时高层主管经常带头巡

查，以表重视。

4. 记录对与错

有记录，有时常分析改善工作。

这里介绍一种记录方法——定点摄影法。

定点摄影主要是通过对现场情况的前后对照和不同单位的横向比较，促使各单位做出整改措施。在定点摄影的运用过程中，每个单位只需要贴出一些有代表性的照片，并在照片上详细标明以下信息：具体单位、违反了六好管理的什么规定。改善前的现场照片促使各个单位为了本单位形象而采取解决措施，而改善后的现场照片能让各单位的员工获得成就感。

图 6-9　整改前后的现场定点摄影对比

各单位可参考表 6-8 制作一张自检表，并进行定点摄影评比，感受改善前后的变化。

表 6-8　　　　　　　　定点摄影自检表

内　容	改善前	改善后
文件、资料		
公告、通告		
维修工具、器具、维修材料		
办公桌		

续　表

内　容	改善前	改善后
应急、抢险物资、消防器材		
易燃、易爆、有毒及污染环境、限制储存的物品		
钥匙		
安全操作用具		
保洁工、器具		
绿化工、器具		
临时堆放物品		
其他		

5. 制订奖惩制度，加强执行

有通告栏公示奖惩，以警示和激励员工。

6. 颜色和目视管理

目视管理是能看得见的管理，能够让员工用眼看出工作的进展状况是否正常，并迅速地作出判断和决策。

目视管理常见的有：张贴合适的标签，如合格标记、位置标记、安全标识、名称标识、色彩管理（颜色代码）等。

（1）色彩管理。

色彩管理不仅能创造出一些颜色代号，而且能创造出一个统一规范、轻松、愉快的工作环境。想想路口上的指示信号没有用"通行、等待、停车"等文字标识，而是使用了让人一目了然的红、黄、绿三色信号灯，你就会感受到色彩管理的实用价值。

标识、标志、提示等标牌色块选用的常见规定：

警示、警告类：红色。

警戒类：黄色。

指令类：蓝色。

提示类：绿色。

（2）视觉监察法。

为了让人看得见空调或风扇是否在工作，只需在出风口处系上小小丝带即可。这种方法被称作"视觉监察法"。

在现场管理中，目视管理的应用实例更是比比皆是。如在通道拐弯处设置一个反色镜，以防止撞车；在螺丝母上做记号，以确定固定的相对位置，判断螺丝母是否松动；关键部位，用灯光照射，以引起注意；用顺序数字，表明检查点和进行的步骤；用图式、相片作为操作的指导书；通告、海报意在告知，也是目视管理的一种常用的方法。这些管理办法直观易懂，不仅传递信息快、信息公开化、透明度高，还便于现场各方面人员的协调配合与相互监督，显示了员工在现场管理中无穷的创意。现场的作业人员还可以通过目视的方式将自己的建议、成果、感想展示出来进行相互交流。

下面列举目视管理中有效的管理手段及其产生的作用。

①用警示线确定区域功能的有关方法。

a. 对象。

高、低压配电柜；变压器；发电机组；空调冷水机组；锅炉；消防箱等。

b. 基准规格。

30～50。

c. 基准颜色。

图 6－10　公司内部标准（黄黑纹）

d. 产生的作用。

提醒、防止外来参观、检查的人员触及设备，导致发生意外或引发事故。

e. 实现的方法。

● 先将需粘贴的部位清理干净；

● 在贴转角接头处时，应将警戒带头先裁成45°角后，再将两个45°角对接；

● 警戒线要求横平、竖直；

● 如果空间能满足，安全警戒线不要粘贴在橡胶绝缘垫上。

f. 特别说明。

● 在贴有安全警戒线的设备房内，必须有"非操作人员请勿进入安全警戒线内"的提示！设备房内只有单一安全警戒线的，提示可贴在警戒线内；有多条警戒线的，提示可贴在设备房进门处。字体为宋体，字号大小可根据实际情况选择，要求较醒目，颜色为黄色。

● 也可用油漆在地面上刷出线条。

g. 示例（供参考用）。

图 6-11

②物品的形迹管理。

a. 实现的方法。

● 在物品放置处画上该物品的形状；

● 标出物品名称；

● 标出使用者或借出者；

● 必要时进行台账管理。

b. 产生的作用。

● 明示物品放置的位置和数量；

● 物品取走后的状况一目了然；

● 防止需要时找不到工具的现象发生。

c. 示例。

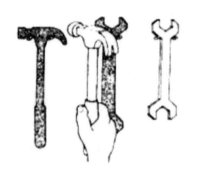
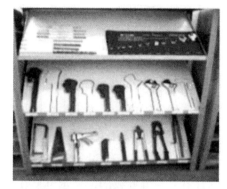

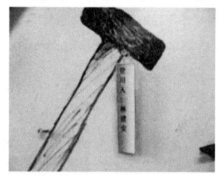

图 6 – 12   物品的形迹管理

7. 养成维护的观念和习惯

维护的三个观念：

（1）只有在"良好的工作场所才能生产出高效率、高品质的产品与服务"；

（2）维护是一种用心的行动，千万不要只在表面上下功夫；

（3）维护是一种随时随地的工作，而不是上下班前后的工作。

一件事，时常重复做就会养成习惯，自觉的接受与积极坚持会加速习惯的养成。

维护活动的习惯要点是坚持"4 不"，即不放置不用的东西；不弄乱；不弄脏；不违反安全操作规程。

推广开来讲，要培养维护的观念，包括通过管理、温馨提示、纠正业户不卫生等习惯，防止"脏乱差"现象的发生。因为优良的物业区域环境的造就是管理者与被管理者相互作用的结果，也是管理标准与业户素质不断调适的过程，当业户养成良好的卫生习惯时，才能真正搞好环境整治。

8. 清晰的部门/办公室的标签、名牌和工作证

部门/办公室的标签、名牌和工作证的标识要清晰、明确，保证所有人能够一目了然。

9. 环境好及精简为要

适当的位置摆放盆栽、绿化。保持简洁、舒适、安全及透明度高的工作环境，以简洁为大美。

（1）适当的位置摆放盆栽、插花。

随着社会的进步，人们对室内环境的要求不断更新和发展。把大自然的景观加工提炼引入室内，为人工的建筑环境增添生机和活力，使室内空间自然化，已成为室内设计和装饰的一种新要求和发展趋势。

（2）注意空气流通。

（3）整体摆设的美观。

10. 开辟六好宣传栏，设置六好博物馆

展示六好活动的记录，如照片、审核记录及培训记录。

三、绿化管理

由于优良的工作环境及在物业管理中，时常会涉及绿化方面的工作，本章特增加绿化管理的内容。

1. 绿化的作用

舒心愉悦的环境是促进消费的一大重要因素。

（1）绿化、美化生活，修身养性。绿地是人们休闲、娱乐、体育锻炼的场所，能起到丰富人们的生活、消除疲劳、令人身心愉悦的作用。

（2）美化生活。绿化种植对建筑、设施、场地能够起到衬托、显露作用，美化环境。

（3）保护环境。绿化能够净化空气、吸附尘埃和有害气体，减少空气中细菌及放射性物质，阻挡噪声，有利于环境卫生。

（4）营造良好环境。小区内部绿化点缀能营造一个良好的环境。

2. 绿化分类

外部绿化草坪及植物；内部盆栽植物。

3. 场内外绿化管理规定

（1）人人都有义务维护场外植物/绿地及场内盆栽植物。

（2）不准攀折植物。

（3）不准损坏花坛、绿地及花木保护设施。

（4）不准人为践踏绿地和车辆跨越。

（5）不准在绿化地带堆放杂物。

（6）不准在绿化带内设置广告招牌。

（7）当人为造成花木、绿地及保护设施损坏的，按政府有关规定进行罚款处理。

4. 小区内部盆栽植物的管理

（1）施肥。根据花卉植物的不同生长发育时期的特殊要求，追施化学肥料，并保证在场内无异味散发。

（2）换盆。根据花苗的大小和生长速度快慢选择相应的花盆、套缸，在小区管理处力所能及的范围内执行（绿化公司协助）。

（3）浇水。根据植物的特点，每日或隔日浇水。原则是：水温与室温要接近，浇水一定要浇透，盆土应经常保持湿润，不要过干、过湿，也不要时干、时湿。

（4）采摘阳光。根据花卉耐阴喜阳程度和生长习性，经常性地将一些喜阳花卉移到阳面。

5. 小区外部草坪植物的管理

（1）浇水量。根据不同的季节、气候，以及草皮生长期、植物品种来决定浇水时间（上、中、晚）和浇水量。

（2）施肥。根据土质、植物生长期、植物品种和培植需要，决定施肥种类及用量大小。

（3）清除杂草及松土。根据季节、草坪生长状况对所辖草坪内的杂草进行清除，并对土地进行相应的松土，以利草皮的生长和规范。

（4）修枝整形。根据植物的形状，以有利观赏为目的，依植物品种及生长情况等因素进行修剪整形，但此项目通常在冬季进行。

（5）禁止事项。禁止踏入草坪并在树枝上吊拉、折枝、悬挂物件，严禁铁线紧箍树干，影响树木生长，严禁任何人员在草坪内以体育锻炼的形式损伤植物。

（6）防止损坏。加强宣传教育及保安巡视，树立告示牌，防止人为毁坏，做到预防在先。

（7）定期洗尘。由于草坪紧靠道路，人与车辆流动多、尘土飞扬，会影响树木生长和美化效果，故养护人员应定期对草坪及树木用水喷淋清洗。

6. 小区内外绿化管理应达标准

（1）植物盆内无烟、杂物、叶面、枝干；无浓厚浮灰，保持叶色翠绿。

（2）各类植物无枯萎、凋谢现象。

（3）盆缸清擦干净、无污、无渍。

（4）草坪修剪整齐，无高低不平现象。

（5）枝叶修剪齐整，无杂乱现象。

（6）草坪干净无纸屑、杂物，清洗干净。

（7）各类植物无病虫害。

（8）严格管理草坪，禁止人为踏坏，影响美观。

第七章
◀六好——修养好▶

欲强其国，先强其民，欲强其民，先正其心。一个企业的
发展，与其员工的修养有着密切的关系。

一、修养好简介

1. 含义

力行美德，检查修正，遵守六好，文明礼貌，沟通合作，利企利世。

这里所说的利企是指对企业有利，利世是指对世界有利。建议每日、每月思考为公司做什么，每年思考为世界贡献什么，并作出有意义的行动。

修养的内容很广，为了便于操作推行，结合目前情况，主要定位在以下五方面：一是自觉遵守六好规则，养成良好习惯；二是培训学习，检查修正；三是指礼仪；四是沟通合作；五是修养自己有利企业、有利天下的高尚品德。前四方面为日常考核，最后一方面为发展指引。

修养的特点是化外为内，化行动为品格，然后化内在的美体现于外。

2. 主要内容

修养的主要内容包含以下几个方面：

（1）遵守六好活动规定了的事，推而广之，对于公司规定了的事，大家都能遵守执行。

（2）礼仪训练活动。礼仪是一个人内在素养的外在体现，修养提升应首先从礼仪训练开始。

（3）培训与提升活动。例如，开展沟通、执行力培训，又如开展培养良好的问好、微笑活动，形成自觉遵守规则、力行修养的习惯。

（4）六好审核，检查修正。

（5）修己以利业。

3. 目的

修养好是六好的重心，更是工作的"最终目的"。在六好活动中，要

不厌其烦地指导员工做整理、整顿、清扫、安全和维护，其目的不仅仅在于希望员工将物品摆好、擦拭干净而已，更主要的在于透过细琐、简单的动作，潜移默化地改变员工的气质，使之养成认真工作和生活的良好习惯。公司应向每一位员工灌输遵守规章制度、工作纪律的意识，此外还要强调创造一个良好风气的工作场所的意义。如果大多数员工都对以上要求付诸行动，那么少数修养不高的员工和新人就会自觉抛弃坏的习惯，转而向好的方面发展。

修养的目的具体表现在以下四个方面：

（1）彰显与提高员工修养。

（2）培养遵守六好规则的员工。

（3）胜任工作，有利公司。

（4）做有利世界的有修养的人，过幸福的人生。人与世界是紧密相连的，只有整个人类世界的好，才是真正的好。而爱他人、爱环境等大爱的美德，是实现整个人类世界美好的基本原则。体现在社区物业管理中，就是让每个家庭/租户好了，整个社区就好了，社区好了，城市就好了，城市好了，国家就好了，国家好了，世界就好了。

二、修养好的 10 点实操

1. 履行个人职责

（1）明确自己的岗位职责与标准。

（2）问责和守时。自己检讨是否做到职责，是否守时守信。

2. 遵守职业道德

职业道德是一般社会道德的特殊表现，是从事一定职业的人，在工作学习和劳动过程中所应该遵守的，特定职业的行为规范。

3. 内省活动

好的品德、良知，可能是与生俱来的，又或者已经存于心的，因此可以通过内省，向心里求来得到提升。要用良好的品德来指导、检查自己。

关于这方面，生于公元前 505 年的曾子（曾参）曾说："吾日三省吾

履行个人责任

遵守规则

定时评估

守规定；守标准

图 7-1 "修养好"实操

身——为人谋而不忠乎？与朋友交而不信乎？传不习乎？"

这是很好的内省心法，意思就是：我每天从三方面反省自己，替人家谋虑是否不够尽心？和朋友交往是否不够诚信？老师传授的知识是否复习了？

4. 良好的礼仪

礼仪是在社会交往活动中约定俗成的一种敬重他人、美化自身的行为规范、准则与程序。仪容、仪表、礼貌、礼节和微笑等，都属于礼仪表现的基本形式。

仪容是指面容、身体、化妆等方面的个人形象。仪容整洁可以给客户以"放心感"和"信赖感"。仪表是指人的容貌、服饰、姿态、风度及个人卫生等方面的综合体现。好的仪表能够给员工带来执行力，给客户增添好感，创造出令双方愉悦的心情。

物业通用的行为规范具体表述如下：

（1）整体：自然大方得体，符合工作需要及安全规则。精神奕奕，充满活力，整齐清洁。

（2）头发：要经常梳洗，保持整齐清洁、自然色泽，头发勿标新立异。男性发型，前发不过眉，侧发不盖耳，后发不触后衣领，无烫发。女性发长不过肩，如留长发须束起或使用发髻。

（3）面容：男性脸、颈及耳朵干净，每日剃刮胡须。女性脸、颈及耳朵干净，上班要化淡妆切忌浓妆艳抹和在办公室内化妆。

（4）身体：注意个人卫生，身体、面部、手部保持清洁。勤洗澡，无异味。上班前不吃异味食物，保持口腔清洁，不在工作场所内吸烟、不饮酒，以免散发烟味或酒气。

（5）衣服：

①工作时间内着本岗位规定的制服，非因工作需要，外出时不得穿着制服。制服应干净、平整，无明显污迹、破损。

②制服穿着按照公司规定执行，不可擅自改变制服的穿着形式，私自增减饰物，不敞开外衣、卷起裤脚、衣袖。

③制服外不得显露个人物品，衣裤口袋平整，勿显鼓起。

④西装制服按规范扣好，衬衣领、袖整洁，钮扣扣好，衬衣袖口可长出西装外套袖口 0.5～1 厘米。

（6）裤子：裤子要烫平，折痕清晰，长及鞋面。

（7）手：保持指甲干净，不留长指甲或涂有色指甲油。

（8）鞋：鞋底、鞋面、鞋侧保持清洁，鞋面要擦亮，以黑色为宜，无破损，勿钉金属掌，禁止着露趾凉鞋上班。

（9）袜：应穿黑色或深蓝色、不透明的短中筒袜。女性着裙装须着肉色袜，禁止穿着带花边通花的袜子，无破洞，袜筒根不可露在外。

（10）工牌：工作时间须将工作牌统一按规范佩戴，于左胸显眼处，挂绳式应正面向上挂在胸前，保持清洁端正。

（11）礼仪礼节规范：

①整体：姿态端正及自然大方，工作中做到：走路轻、说话慢、操作稳，尽量不发出物品相互碰撞的声音。

②站姿：以立姿工作的员工，应时刻保持标准的站立姿势：两腿直立，两脚自然分开与肩同宽，两眼平视前方，两手自然下垂，挺胸、收腹。禁止双手交叉抱胸或双手插兜、歪头驼背、依壁靠墙、东倒西歪等不良行为。

③坐姿：应时刻保持端正的姿势：大腿与上身成90度，小腿与大腿成70~90度，两腿自然并拢。不盘腿、不脱鞋、头不上扬下垂、背不前俯后仰、腿不搭座椅扶手。

④走姿：在工作中行走的正确姿势：平衡、协调、精神，忌低头、手臂不摆或摆幅过大、手脚不协调、步子过大、过小或声响过大。

⑤行走：在工作中行走一般需靠右行，勿走中间，与客人相遇时要稍稍停步侧身立于右侧，点头微笑，主动让路；与客人同时进出门（厅、楼梯、电梯）时，应注意礼让客户先行，不与客人抢道并行，有急事要超越客人，应口头致歉"对不起""请借光"，然后再加紧步伐超越。

5. 正确做好人际交往与沟通

（1）坦诚、恭敬、宽容、欣赏与赞美。

一是与人交往要坦诚；二是恭敬有礼；三是要宽容；四是懂得欣赏与赞美他人。

有这样一个传说：天使化身平民来到人间，他每见到一个人，享受过一个人的服务，就会很用心地说"谢谢"，很热情地赞美别人。凡是被赞美过的人，在那一天当中又赞美他所遇到的所有人。于是，那一天变成了全世界最美好的一天。由此可见，赞美的力量是巨大的。

有时候，一句赞美的话，一个肯定的眼神，一个鼓励的举动，便足以改变一个人的一生。所以，应当学会把赞美当成最好的礼物，去送给所有的同事和客户。哪怕是需要批评的时候，也可以采用先赞美，再批评，最后再赞美的方式。

（2）沟通有法，达到和谐。

以下是一些基本的沟通法则：

沟通的方法与管理：①善心爱心；②倾听；③提问；④表示同情；⑤解决问题；⑥跟踪。

图 7-2　和谐物业

物业管理投诉处理的程序：①记录投诉内容；②判定投诉性质；③调查分析投诉原因；④确定处理责任人；⑤提出解决投诉的方案；⑥答复业主；⑦回访；⑧总结评价。

物业管理投诉处理方法：①耐心倾听，不与争辩；②详细记录，确认投诉；③真诚对待，冷静处理；④及时处理，注视质量；⑤总结经验，改善服务。

6. 组织架构和企业核心文化放在易见处

7. 学习进步

学习作为一种获取知识交流情感的方式，已经成为人们日常生活中不可缺少的一项重要内容，尤其是在21世纪的知识经济时代，自主学习已是人们不断满足自身需要、充实原有知识结构、获取有价值的信息，并最终获得成功的法宝。

（1）以归零的态度来学习。

（2）有自己的六好管理资料并跟进学习实施；了解"六好"基本定义。

（3）学习尽可能多的内容，不仅是六好，凡是有利工作、提升能力的都可以积极学习。

（4）要学以致用。

（5）修己以利企利世。

修己以利企是指修养自己以能胜任公司的工作。如此，则能升华到治国、平天下，实现人生崇高理想。

细想一下，所有的六好管理是为了什么？就是为了企业好，你好我好大家好，这是六好的核心。利企治国时常需要较长的时间来实现，少则几年，多则数十年。由于不容易量化考核，一般不列入日常的考核中，但可以作为良好的指引。如果要进行评估，则可以"每日精进"来考核，因为一个人能够"每日精进"，实现利企就变得容易了。

我相信，一个好的企业，其伟大目标必然是有利国家与天下的，这与它适当的创造利润是可以相一致的。而一个有修养的人，必然也是有爱企业的心和行为的。

我相信，我们之所以成为修养好的人，正是为了更好地实现爱企业，实现有利国家和天下。

我相信，通往理想之路，是与修养好密切相关的，人生会因为修养好而更加美好！

作为物业管理者，有责任感，关心所服务的家人。作为企业人，爱企业，为企业创造价值，让企业生存发展。作为社会人，遵守社会公德，热心公益事业。这些都是有修养的表现。

8. 定期做好审核（最少每季度一次）

定期做六好审核，建议最少每季度一次。一般来说，可以根据企业的实际情况制定标准，然后要求执行。

定六好日和内部审核日，建议每月 6 日为六好日，6 月 6 日为年度重要审核日。

只有定期做六好审核，才能使得六好管理顺利持续下去。

9. 每天应有班前会，负责人应有小结

例如晨会，进行沟通，落实工作及除错扬对。

10. 日事日毕，日清日高

完成每日工作计划，下班前检查每天的工作是否完成及总结提升。

例如，日事日毕，即每天工作整理。当天的工作可在早上或者提前一

天做好计划，下班前检查当班工作是否完成，应当天完成而且能够做到的就当天做好，并做好总结提升。

三、操作中的两点提示

1. 长期坚持，才能养成良好的习惯

通常一个习惯行为的养成要 21 天，稳固要 90 天。

修养是"六好"活动的核心，没有人员修养的提高，各项活动就不能顺利开展，就是开展了也坚持不了。

一名有修养的员工，能够很好地做好六常工作，相反，一名缺乏修养的员工，是很难做好的。我们也相信，员工自身修养的形成是可以通过后天培养的，不是天生就有的。所以，要"常修养"。不妨参照以下建议：

坚持每天应用六好，使六好成为日常工作的一部分。编著各岗位或部门《下班前五分钟六好法》，以下是一个通用格式：

- 整理：抛掉不需要的东西回仓，补充需要物品。
- 整顿：把所有用过的文件、工具、仪器以及私人物品都放在应放的地方。
- 清洁：抹净自己用过的工具、物品、仪器和工作台面并清扫地面。
- 安全：通过安全预防、检视，达到安全。
- 维护：固定可能脱落的标签、检查整体是否保持规范、不符合的及时纠正。
- 修养：今天的事今天做：检查当班工作是否完成，检查服装状况和清洁度，预备明天的工作。

2. 齐之以文，令之以武

意思是，明确它通过文的一面，执行它则通过武的一面。修养是一种文化，有时说就明了，如春雨般润物细无声，但有时又要进行严格的纪律要求，对没有执行的要进行惩罚。

在文的方面，有什么最能让人齐心呢？就是大家认可的共同理想，共同的使命，共同的价值观。

四、物业管理行业职业道德

百业德为先。

职业道德是从事一定职业的人在工作和劳动过程中所应遵循的，与特定职业相适应的行为规范。养成良好的职业道德是非常重要的，人们常说教育"德、智、体、美、劳"或"德、智、体"，皆以德为先，这绝不是因为这样读来顺口，而确确实实因为"德"是非常重要的。在人的诸多素质中，"德"自古至今被放于首位。因为人们的行为是由他们的思想决定的，一个人品德的良好与否，决定了他的行为取向。

1. 什么是职业

职业，是指由于社会分工而形成的具有特定专业和专门职责，并以所得收入作为主要生活来源的工作，是在人类社会出现分工之后而产生的一种社会现象。

任何一种职业都是职业职责，职业权利和职业利益的统一体。

职业既是人们谋生的手段，又是人们与社会进行交往的一种主要的渠道。

在交往中必然涉及各方面的利益，于是如何调解职业交往中的矛盾问题摆在了人们的面前，这就需要用道德来调解。

2. 什么是职业道德

职业道德是从事一定职业的人在工作和劳动过程中所应遵循的，与特定职业相适应的行为规范。

每个从业人员，不论从事哪种职业，在职业活动中都要遵守道德。如教师要遵守传道、授业、解惑的职业道德，医生要遵守救死扶伤、利人健康的职业道德等。

职业道德不仅是从业人员在职业活动中的行为标准和要求，而且是本行业对社会所承担的道德责任和义务。职业道德是社会道德在职业生活中的具体化。

3. 职业道德的作用

（1）职业道德与个人幸福。人的生存需要与安全需要离不开职业道德。良好的职业道德能为个人的衣食住行等生存需要和职业安全、社会保障、人生保护等安全感、稳定性、保护性需要提供保障。

人的社交与尊重的需要离不开职业道德。良好的职业道德是个人的友谊、友爱、交往等社交需要的基础，也是个人的受尊重、受赏识、被人关心、重视，得到提拔晋升等尊重需要的基础。

人生价值的实现离不开职业道德。只有具有高尚职业道德情操的人，才能实现自己的理想和抱负，达到人生的崇高境界。

（2）职业道德与企业进步。员工良好的职业道德氛围是企业的"优良资产"，是企业的"效益"。

（3）职业道德与社会繁荣。职业道德建设有利于满足人民大众的强烈愿望；有利于促进经济协调发展；有利于从根本上提高全社会文明水平。

4. 物业管理从业人员职业道德基本规范内容

（1）坚持标准，严格制度：

①树立"住户至上，服务第一"的宗旨，努力学习管理技能，不断提高管理水平；

②态度和气，语言亲切，记录完整，每件事有跟进；

③穿戴整洁，仪表端正，精力充沛，举止文雅；

④对住户无礼的言行，应尽量容忍，耐心说服；

⑤为住户着想，帮住户解决问题或困难；对涉及不能及时回答或解决的问题，给予解释，并记录上报；

⑥严格遵守纪律，不吃请、不误工、不怠工、不刁难住户；

⑦不准利用权力或职务之便谋取私利。

（2）诚实可靠，讲究信誉：

①诚实无欺，货真价实，公平合理，是基本要求；

②在服务质量上，不以次充好；

③在服务数量上，不打折扣；

④在服务收费上，不另立明目，或变相加价；

⑤在服务对象上，不厚此薄彼，做到公平、公正。

（3）礼貌服务，文明用语：

①注意力集中，主动热情才能赢得业主的信任；

②轻声细语，熟练操作；

③举止大方，不卑不亢，言行得当；

④礼貌用语，讲究服务艺术，尤其是语言表达艺术；

⑤掌握分寸，以理服人，得理让人。

（4）主动热情，微笑服务：

①微笑发自内心；

②微笑服务要始终如一，贯穿服务工作的全过程；

③微笑服务要看场合，看对方心情，切忌呆板和不合时宜。

（5）维护业主利益：

①不得泄露雇主的私人秘密和有关家庭信息，使消费者遭受人身、财产损害的问题；

②要尊重业主的生活习惯，不得干预雇主的私生活；

③要保守雇主的隐私，不得泄露雇主及其亲友的家庭和工作地址、电话号码及其他私人信息。

五、修养小论

修养是对人来说，强调的是人的主动、自律、自发、内省、品格、心态和精神等。

修养自己以能完成六好，是本书的基本要求。

修养自己以能文明礼貌，是修养内容中的常规要求。

修养自己以能安社、治国、平天下，则是一种更高的境界与展望。修养始于日常的点滴，止于无限的至善。这一点，让人开朗，让人有了崇高的追求。

修养，是从内心、思想或者行为上革除、放下不需要的，理好需要的，增益有需要的。

　　我相信，人之所以为人，天性中就有仁、义、礼、智、信、爱等美德，修养就是将美德呈现出来。人生的修养，是内心愿意去学，去连接天性的美德，身体能够去力行。孔子说："力行近乎仁。"《弟子规》中也勉励："圣与贤，可驯致。"每个人只要愿意，都可以成为有修养的人。

　　修养带人走向文明、成功和美好。

第八章
◀六好推行实用手法选▶

　　成功一定有方法！不是没有方法，而是知道没有做；不是不知道，而是暂时不知道；我不知道，不代表别人不知道；即使全地球人都不知道，在宇宙间也一定有方法。所以，只要肯做、肯学、肯问，就可以找到方法。总之，成功一定有方法！

一、实施六好管理的 9 个步骤

理解六好（6S）管理的内容与要义，是开展六好管理的基础。但是，仅仅知道六好的内容是远远不够的，获得显著效果的关键在于加强六好管理推行的过程控制。一般说来，六好管理的推行包括以下 9 个步骤。

1. 获得最高管理者的承诺并做好准备

首先，必须向最高管理者推介六好构想。其次，具体实施者应该做好自身的准备。

承诺的准备：建议管理者这样思考问题，先从《六好管理 9 大作用》进行思考，了解六好的好处，认可方针及目标：

方针：整理、整顿现场，提升人员素质，改进现场管理，增强企业竞争力。

目标：对内：营造一个有序高效的工作环境。对外：成为一个让客户信任喜爱的公司。

同时从所需要的目标结果与现实进行评估。因为人一旦学会以结果为导向的理性思考，或者能够站在相对高的角度看问题，加上务实的作风，那么进行决策就会变得准确，一切都可能变为更有利实现所需要的好结果。

我们应看到，好的管理方法得以运用，虽然会付出一些心血，但从长远来看，会带来更丰富的收获，基于这一点，我们就应下定决心。

2. 成立推行组织

（1）成立六好推行小组，主导全公司活动的开展。

（2）公司各部门必须指派一位员工负责现场六好管理或联络。

（3）各部门领导是本部门六好推进的第一责任人，六好要求全员

参与。

（4）管理组织实操举例。设立"六好专门管理小组"，由单位负责人兼任该管理小组组长，全面负责"六好"的实施及管理，管理小组人数应为单数。小组内设执行主管、督察人员、部门主管。组织架构如图 8－1所示。

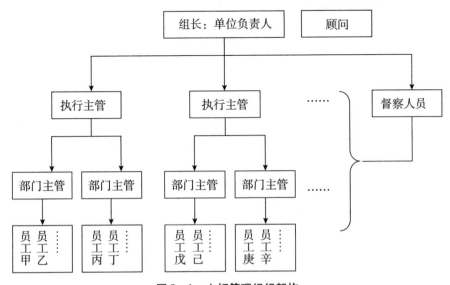

图 8－1　六好管理组织架构

相关人员的工作职责如下所述。

①管理小组组长（企业老总或负责人）的工作职责：

● 负责本企业六好管理实施的全面工作。

● 主持六好管理小组成员办公会，研究和决定实施的各项工作。

● 审定六好实施的计划和步骤，并抓好落实。

● 做好六好实施的阶段评估，适时调整下一步的工作计划及实施步骤。

● 审定本企业六好实施的各项规范、制度、要求、相关考核办法、奖惩标准等。

②执行主管的工作职责：

● 在管理小组组长领导下，负责本企业六好管理相关知识的宣传、培训和监督六好的执行。

● 协助制订六好工作计划并组织实施，及时总结汇报。

● 布置、督促、检查各分管部门负责人的工作。

● 认真贯彻落实六好实施的规范工作要求，督促、检查各项六好制度及规范的执行与具体落实情况。

● 深入各部门了解和检查六好实施情况，认真记录六好实施的每一过程，及时总结汇报。

● 定期组织各部门间的相互学习，善于发现先进，善于运用先进促进后进，不断提高和改进工作方法。

● 全面掌握六好管理实施动态，及时分析及解决实施过程中出现的问题与困难。

③督察人员的工作职责：

● 在管理小组组长领导下，严格按照"督促、指导、把关"工作原则，全面负责六好管理的实施监督和指导工作。对管理小组组长负责。

● 协助制订六好工作计划，督察各部门六好贯彻实施的执行情况，及时总结汇报。

● 广泛听取员工的意见和建议，并及时进行分析汇总，做好上情下达，下情上传工作。

● 全面了解员工的工作状况，做好正确引导与指导，确保六好管理顺利实施。

④部门主管的工作职责：

● 负责本部门六好实施日常管理工作。

● 协助制定和完善有关规章制度，严格执行相关规章制度。

● 负责贯彻落实六好实施的规范工作要求，督促、检查本部门成员各项制度及规范的执行情况。

● 合理安排员工班次，并视实际情况随时做好调配。

● 结合本部门实际情况的需求，通过言传身教，激发员工工作和学习热情，对本部门人员进行业务培训，努力提高本部门人员的工作热情和服务技能，特别是六好理念及实践应用。

• 每天主持召开部门班前例会，做好班前准备，班中督导，班后总结工作，并做好工作笔记。

• 正确处理员工之间的工作矛盾，关心爱护下属。

• 随时检查本部门的设施设备运转是否正常，及时向领导汇报情况，确保六好管理正常实施。

• 及时安排本部门的物品发放。

• 督导员工操作习惯，检查员工仪容仪表，及时帮助纠正。

• 带头搞好本部门的环境卫生，做好自查自纠。

⑤员工的工作职责：

• 熟悉并熟练掌握自己工作岗位的六好要点。

• 自己的工作场所需不断整理、整顿、清洁。

• 不用的东西要立即处理。

• 通路必须始终保持清洁和畅通。

• 原料、物品、设备的放置要做到仔细、正确、安全。

• 各类废弃物要集中放于规定场所。

• 注意上级的指示，并加以配合。

建议由企业主要领导出任六好活动推行委员会主席、组长职务，以视对此活动之支持。具体安排可由副主任负责活动的全面推行。

3. 拟定区域分工、推行计划和日程

（1）区域分工：

公司六好推行委员会成立后，首先应明确划分各部门六好责任区域，确定责任人员，并以张贴公布。

（2）结合实际情况，制定六好活动推行计划和日程：

①目标制定。先设定期望之目标，作为活动努力之方向及便于活动过程中之成果检查。

例如：第 4 个月各部门考核 80 分以上，依据实现标准的百分比打分。考核标准可参考《六好管理 60 条标准》。

②口号制定。例如："金宏六好 品质良好"。

③六好活动要求各部门制订部门六好计划及日程表。

④制定六好管理活动所需的购置物资预算，提交审批。预算包括购置物资、参观开支、培训费用等，年度预算。

每年度购置物资（包括维修）预算，六好管理委员会需按照此限额购置合适用品，如超出此预算，需向公司董事会提出申请。

每年参观活动开支，包括出外参观的交通费用、外界到访的物资准备及茶点招待等。

表 8 –1　　　　　　　　　　每年活动开支

项　　目	年度开支	金　　额
1	购置物资	￥
2	参观	￥
3	培训	￥
总　计：		￥

（3）计划的重要性：

大的工作一定要有计划，以便员工对整个过程有一个整体的了解。项目责任者清楚自己及其他担当者的工作是什么及何时完成，相互配合造就一种团队作战精神。

关于计划的制订，可以请有经验的人，或者"六好管理顾问咨询机构"协助进行。这样，能取得事半功倍的好效果。

4. 教育

（1）公司对管理人员、每个部门对全员进行教育：

①六好的内容及目的。主要内容为六好基本知识、各种规范。

②实施办法。主要针对管理员，而广大员工也有所了解。

③评比及奖惩办法。

（2）新员工的六好培训（必须进行的岗前培训）：

教育形式可以多样化，如讲课、放录像、观摩其他企业案例或样板区域、学习推行手册等方式均可视情况加以使用。

其中，图片展示是很好的教育方法，最好能在第一时间制作出"六好博物馆"墙报，把兄弟单位先进事例、图片与我们的差距直观地反映出

来，形成对比，让每一位员工都看到问题，快速学会解决方法。

5. 宣传

（1）召开员工大会时，由公司领导和各部门领导表达推行六好活动的决心。

（2）领导以身作则，定期或不定期地巡视现场，让员工感受到被重视。

（3）利用公司板报、宣传画廊定期宣传介绍六好。

（4）外购或制作六好海报及标语张贴在现场。

6. 导入实施

全面实施各项六好规范，实行自我审核。

此阶段为推行六好活动的实质性阶段，每个人的不良习惯能否得以改变，能否建立一个良好的六好工作习惯，在这个阶段可以表现出来。

实施注意点：

（1）前期作业准备。

——方法说明会（由最高管理层做总动员）。

——道具准备。

（2）"洗澡"运动（彻底大扫除，大整理）。

（3）建立物品标识、存放位置标准。

（4）"3 定""3 要素"展开。

（5）安全动员。

（6）节约方法大寻找。

（7）定点摄影。

（8）改善。

（9）标准化。

实施办法参考：

样板单位示范办法：选择一个部门做示范部门，然后逐步推广。

分阶段或分片实施：按时间分阶段或按位置分片区的办法。

分责任实施：六好部门责任和个人责任制的办法。

7. 检查与跟进

要知道活动成功与否，最有效的方法就是进行检查。

（1）六好推进小组定期或不定期地巡视现场，了解各部门是否有计划、有组织地开展活动。开始时可能每天、每周进行检查，稳定后可以月度和年度进行六好评估，严格按照《六好检查标准》由推行组织评分进行。

注意：每次审核检查（内部及顾问组审核）均须记录，有关记录由六好管理委员会负责人派发给各负责人进行跟进，若有需要加以改善，应于指定日期内完成，以确保未符合标准之处得到妥善纠正，记录需交回有关负责人存档。

（2）六好问题点的质疑、解答。

（3）检讨与修正。了解各部门现场六好的实施状况，并针对问题点开具"现场'六好'检查表"，责令限期整改。充分利用 PDCA 循环，各责任部门依缺点项目进行改善，不断提高。

8. 评分结果公布及奖惩

（1）关于评分标准。

评审共 60 点，每点 2 分（合格为 1 分，良好为 1.5 分，优为 2 分），满分 120 分（72 分为合格，90 分以上为优良，108 分以上为优）。也可以根据实际情况，设定满分为非 100 分，例如其中有的点作 1 分计。

（2）对活动优秀部门和员工加以表扬、奖励，对最差部门给予曝光并惩罚。同时，部门主管也将提交改善报告。

某公司实操举例

奖罚制度

1. 奖罚制度：每月审核一次，所得分数张贴于六好博物馆，以三个月总平均分给予适当的奖赏、惩罚。

2. 奖赏：六好审核中，三个月平均分最高的部门，可获现金奖励 200 元。

3. 惩罚：六好审核中，三个月平均分低于 70 分的部门，对其负责人处以 60 元罚款。

备注：部门划分由六好管理委员会及部门主管议定。

9. 坚持和进步

（1）将六好纳入定期管理活动中。

（2）实施各种六好强化活动，并保持与时进步、创新的精神。

（3）设置与维护六好图片展示区、博览室，作为长期教育。如设置"六好博物馆"，将员工不符"六好"要求的行为，通过数码相机拍摄下来，并公布在"博物馆"墙上。照片上墙一切都在"不言中"，引导每个人一丝不苟地遵守六好管理。

一个正确的决策需要坚持，一个正确的方针需要坚持，一个正确的事需要坚持！坚持是可贵的，坚持使平凡变得伟大！

我非常欣赏毛泽东题词的一段话（如图8－2），这段话道出了"坚持正确方针，艰苦奋斗，就能达到目的"的普遍真理，对于企业做好六好管理有积极的借鉴意义。

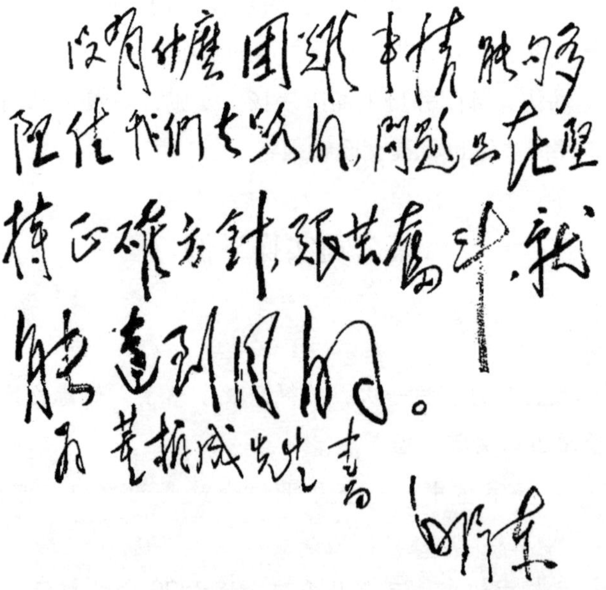

图8－2

需要强调的一点是，企业因其背景、架构、企业文化、人员素质的不同，推行时可能会出现各种不同的问题，推行小组要根据实施过程中所遇到的具体问题，采取可行的对策，以取得满意的效果。

在实践中，推行六好需经历四个阶段：要求→行动→习惯化→文化。刚开始是一种形式，接着执行，然后成为习惯，最后形成一种文化。

二、六好活动推行全过程参考

1. 第一个月辅导

明确委员会人员、责任；制订六好宣传方案；选定样板区，定点摄影；发行六好手册；部门会；制定规定、标准；2小时培训。

2. 第二个月辅导

样板区目视管理；竞赛方法（准备）；目视管理、红牌作战实施；参观；一次评分；二次评分。

3. 第三个月辅导

修订评分方法、竞赛方法；决定日常确认方法；考评、公布。

4. 第四个月辅导

实施个人六好考核；文明礼貌活动方法探讨；发生源困难处所改善；员工守则制定；创意奖；六好征文活动；培训；辅导总结。

三、PDCA 循环

1. PDCA 循环

质量管理专家戴明博士认为，一切有过程的活动，都是由计划、实施、检查、处理四个环节组成的管理周期的反复循环。它恰似一个不断旋转的圆环，推动着管理过程不断向前发展。这个理论被简称为"戴明圆环"学说。PDCA循环已经在生产管理，尤其是品质管理中得到了广泛的应用，它同样适用于物业等服务管理。

P、D、C、A四个英文字母所代表的意义如下：

P（Plan）——计划。确定目标，制订活动计划和标准。

D（Do）——实施。就是具体运作，执行计划中的内容。

C（Check）——检查。检查计划执行的效果，比较与目标的差距，找出存在的问题。

A（Action）——处理。对总结、检查的结果进行处理，肯定成功之处，并予以标准化；查明问题的原因，提出解决办法，并实施改善，修正计划，完善标准。未解决的问题放到下一个 PDCA 循环。

2. PDCA 循环的特点

PDCA 循环实际上是有效进行任何一项工作合乎逻辑的工作程序，其具有以下 3 个特点：

（1）周而复始地运行。PDCA 循环的四个过程不是运行一次就完结了，而是周而复始地运行。一个循环结束了，解决了一些问题，可能还有问题没有解决，或又出现了新的问题，再进行下一个 PDCA 循环，依此类推。

（2）大环带小环。公司有大的 PDCA 循环，部门有小的 PDCA 循环。每一个循环都不是独立存在的，而是大环带动小环，一级带动一级，构成一个有机运转的逻辑组合体。

（3）阶梯式上升。PDCA 循环不是在同一水平上循环，每循环一次，解决一部分问题，取得一部分成果，工作就前进一步，水平就提高一步。PDCA 循环的最终目的是管理水平的提升，通过不断解决问题、改善标准来实现阶梯式上升的过程。

3. PDCA 循环的运作原理

单个 PDCA 循环的运作原理如图 8 – 3、图 8 – 4 所示。

4. PDCA 循环的应用方法

PDCA 循环应用了科学的统计观念和处理方法。作为推动工作、发现问题和解决问题的有效工具，PDCA 循环在长期工作实践中形成了一整套行之有效的应用方法。根据 PDCA 循环的运作原理，现将这套方法归纳为四大阶段：

（1）计划阶段——就是认清现实，了解差距，明确目标和预定达成目标的方法。

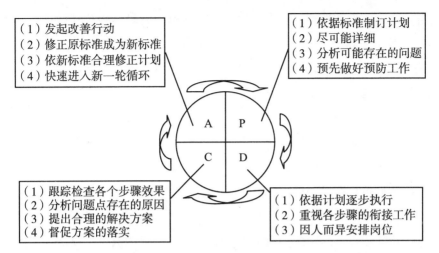

（1）发起改善行动
（2）修正原标准成为新标准
（3）依新标准合理修正计划
（4）快速进入新一轮循环

（1）依据标准制订计划
（2）尽可能详细
（3）分析可能存在的问题
（4）预先做好预防工作

（1）跟踪检查各个步骤效果
（2）分析问题点存在的原因
（3）提出合理的解决方案
（4）督促方案的落实

（1）依据计划逐步执行
（2）重视各步骤的衔接工作
（3）因人而异安排岗位

图 8－3　单个 PDCA 循环的运作原理（一）

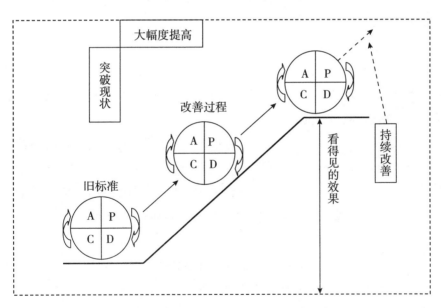

图 8－4　单个 PDCA 循环的运作原理（二）

　　无论在工作或生活中，我们做任何一件事都要事先想一想，把这件事将要发生的全过程在脑子里想一遍：哪些地方要注意，哪些地方要交代清楚……或者干脆把这件事的内容及应该注意的事项一一列出来，这就是计划。这样我们做起事来就会有条有理、快捷，也不容易出错，这就是计划

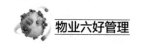

的好处。如果做一件事，事先不想一想，做事的时候碰到什么做什么，想到什么做什么，那肯定会被弄得一团糟，更说不上把它做得令人满意了。俗语说，"好的开始就是成功了一半"，这个好的开始就是计划。也就是说，只要你做好了计划，你所做的这件事就成功了一半。

①分析现状，找出问题。

②分析问题中各种影响因素或原因。

③找出主要影响因素。

④如何拟订切实、可行、具体的计划？

- 符合整体目标。

- 应具体、能定量地表示出期待的效果。期待的效果可以从下列各方面加以衡量：品质、数量、时间、成本、明确的最终产品。

- 确定各项工作的优先顺序，并组织好工作。

- 分配的工作应与能力相称（有达成的可能）。

- 能与各方面配合。

- 使计划具体可行，运用"6 个朋友"和 8M1E 进行思考，充分考虑人、事、时、地、物等因素。

6 个朋友：我有 6 个好朋友，我所知的一切皆来自它们；它们的名字是什么、为什么、何时，还有如何、哪里和谁。

8M1E：Man（人）、Machine（设备）、Material（材料）、Method（方法）、Money（金钱）、Market（市场）、Management（管理）、Marale（士气）、Environmeut（环境）。

（2）做阶段——就是按照所制订的计划去做，以实现计划和要求。

（3）检查阶段——就是对照计划，检查做的情况和效果，及时发现现实行动中的问题，并进行检讨分析、修正。

（4）处理阶段——就是根据检查的结果采取措施、巩固成果（如标准化，把成功的经验总结出来，制定相应的标准。）、吸取教训、以利再战，不好的方面再次发生，并对没达成的目标放入下一个 PDCA 循环再做。

PDCA 循环是对持续改进、阶梯式上升工作的一种科学的终结，在现场管理中得到了广泛的应用，是管理工作中不可缺少的工具及创造竞争优势的根本力量。

当一个 PDCA 循环下来，应会有一个结果，如果是成功的，当然好。但有的时候，还没有完全成功，需要再次循环。为此就再计划、再做，直至成功为止。运用计划—做—检查—处理—再计划—再做—直至成功这一循环，你就会不断地进步，最终取得成功。

四、目视管理

在日常活动中，我们是通过"五感"（视觉、嗅觉、听觉、触觉、味觉）来感知事物的。其中，最常用的是"视觉"。据统计，人的行动的60％是从"视觉"的感知开始的。因此，在企业管理中，强调各种管理状态、管理方法清楚明了，达到"一目了然"，从而容易明白、易于遵守，让员工自主性地完全理解、接受、执行各项工作，这将会给管理带来极大的好处。目视管理实施的效果如何，很大程度上反映了一个企业的现场管理水平。无论是在服务现场还是在办公室，目视管理均大有用武之地。

1. 目视管理的定义

所谓目视管理就是"一眼看得懂"的管理，是一种以公开化、透明化为基本原则，利用人的视觉来进行管理的科学方法。

目视管理可以应用在六好活动的方方面面，是一种简捷有效的管理方法。目视管理形式多样，比如形迹管理、颜色管理、灯号管理、标牌管理、看板管理等，就是借用画线、颜色、灯泡、标牌、看板等载体的状态变化来传达管理信息，尽可能地将管理者的要求和意图让大家都"看"得见，借以推动自主管理、自我控制。

下面分别举例说明：

（1）形迹管理——城市中公路上的斑马线，标明了行人过马路应该走的安全通道；排气扇的小布条，当布条飘起的时候，表明排气扇在正常工作，甚至从飘起的大小可以大概判断出风扇的转速。

（2）颜色管理——最常见的颜色管理就是红绿灯，红灯停，绿灯行，人人遵守交通规则，减少交通事故的发生；颜色不同的工作服区分工作人

员的身份和岗位的不同，窗口服务人员和后勤人员的工作服颜色不同，一般服务人员和主管的工作服颜色不同。

（3）灯号管理——设备状态指示灯，灯亮表示设备正常运转，灯灭表示设备没有运转或设备故障；饮水机的指示灯，红灯代表"加热"，绿灯代表"保温"，黄灯代表"电源"，红色出水管代表热水，蓝色出水管代表凉水。

（4）标牌管理——某些大酒店的点餐牌，正放表示当天能够提供的菜肴，反放表示暂时无法提供或已经售完的菜肴；店面服务业的服务台牌，正面为"很高兴为您服务"或者服务人员的简介，反面为"很抱歉暂停服务"，通过翻转台牌来表示某一台席是否提供服务；前文讲过的会议室状态牌也是标牌管理的一种应用。

（5）看板管理——目视管理最重要的应用。因其普及程度广、有效性强、操作方便等特点，现已逐步独立出来，与标准化、目视管理一起并称为企业现场管理三大工具。

看板管理是管理可视化的一种表现形式，即以看板为载体对数据、信息等的状况一目了然地表现，主要是对管理项目，特别是管理信息进行的透明化管理活动。它通过各种形式的标语、宣传板、图表、电子屏等把文件上、脑子里或工作现场等隐藏的信息揭示出来，以便任何人都可以及时掌握管理现状和必要的信息，从而能够快速制定并实施应对措施。因此，看板管理是发现问题、解决问题的非常有效且直观的手段，是优秀的现场管理必不可少的工具之一。

看板管理可能起源于制造企业，侧重于对生产数据及作业程序的管理，主要内容表现在：

- 规章制度与工作标准的公开化；
- 生产任务与完成情况的图表化；
- 与定位管理相结合，实现视觉显示信息的标准化；
- 生产作业控制手段的形象、直观与使用方便化；
- 物品码放和运送数量的标准化；
- 现场人员着装的统一化与实行挂牌制度；
- 色彩的标准化管理。

来源于制造业的看板管理对服务业同样意义重大，尤其是随着服务业的长足发展，其应用范围越来越广，形式越来越多样化。通过这样一种"有形展示"来达到"一目了然"的管理状态。下面通过举例来说明看板管理在服务业中的重要应用：

（1）人员动态管理图。一个团队有多少人、分别是谁、谁是负责人、谁哪一天迟到早退、哪一天请假、本月有哪些员工过生日等，这些人员信息都可以通过人员动态管理图标示出来。这是对人员管理的一种透明化展示。

（2）绩效动态管理图。一个团队的经营业绩、指标进度、月度变化趋势、当月完成情况、全年累计完成情况等信息可以通过绩效动态管理图来标示。这是对绩效管理的一种透明化展示。

（3）客户满意度变化图。服务企业最重要的一项考核指标就是"客户满意度"。客户是否满意是衡量一切服务的基准。因此，很有必要对客户满意度进行专门的研究与分析。客户满意度变化图就是有效工具之一。通过指标变化的趋势，来跟踪客户对企业的态度，挖掘客户满意或不满的深层次原因，并可以及时发现问题，做到"防患于未然"，最终达到提升客户满意度的目的。

（4）班次动态调整表。大多数服务企业人员较为密集，且为了追求服务的便利性和全方位，创造竞争优势，服务时间一般都很长，甚至有很多企业24 小时提供服务，因此对服务人员的班次管理显得尤为重要，既要保证人工成本的合理控制、员工服务效率的最大化，又要尽量满足客户的服务需求。同时，由于企业所提供服务内容、面对客户群体的不同，会出现客流量的高峰和低谷，所以动态调整的班次管理是最适合服务企业的管理方法之一。

2. 目视管理的基本要求

推行目视管理，要防止搞形式主义，一定要从企业实际出发，有重点、有计划地逐步展开。在这个过程中，应做到的基本要求是：统一、简约、鲜明、实用、严格。

统一，即目视管理要实行标准化，消除五花八门的杂乱现象。

简约，即各种视觉显示信号应简明易懂，一目了然。

鲜明，即各种视觉显示信号要清晰，位置适宜，工作人员都能看得

见、看得清。

实用，即不摆花架子，少花钱、多办事，讲究实效。

严格，即所有工作人员都必须严格遵守和执行有关规定，有错必纠，赏罚分明。

3. 目视管理的水准

目视管理可以分为三个水准：

（1）初级水准：通过标识能明白现在的状态。

（2）中级水准：不仅能明白还能判断状态的优劣。

（3）高级水准：标明管理方法（尤其是突发事件的应急预案），即不仅能判断状态的优劣，还能知道各种状态的应对方法。

目视管理本身并不是一套系统的管理体系或方法，以此也没有什么必须遵循的步骤。简要来说，可以先易后难，先从初级水准开始，逐步过渡到高级水准。实施过程中，红牌作战、定点摄影、设立样板等是对推行目视管理有益的方法。

目视管理作为使问题"显露化"的工具，具有非常大的效果。但是，不能将目视管理简单地理解为使用颜色或道具，而应在"使用的方便性"上下功夫，不仅标明状态，还应辅助管理。因此，发挥全员的智慧，多学多做，使大家都能用、都好用是实施目视管理的重要之所在。

4. 目视管理的应用

国内外许多企业在目视管理方面已经取得了较大的进步，不仅在工作现场开始较多地应用，而且在产品上也实施了目视管理，为客户提供方便，提升了客户的感知。例如，电脑上许许多多形状各异、颜色不同的接口，对应的连线是形状、颜色相同的插头。这样只要看形状和颜色就可以插线连接，又快又准，既防止插错，又提高了安装的效率。

五、推行六好的标语

为了使六好得以迅速推广传播，执行部门应多想各种各样的方法来帮助员工理解记忆，如标语、漫画、顺口溜、快板等。更多的应动员执行部门提出有建设性的建议。以下是部分参考标语：

（1）六好简介。以下用简短语句来描述六好，主要目的就是方便每一个人的记忆。

整理：要与不要，当机立断。

整顿：科学布局，取用快捷。

清洁：清除垃圾，美化环境。

安全：排除隐患，安全操作。

维护：时时维护，常常达标。

修养：遵守规章，养成习惯。

（2）决心、用心、信心，六好活动有保证。

（3）全力以赴，追求卓越，严格自律，从我做起。

（4）人人有改善的能力，事事有改善的余地。

（5）结合实际行六好，齐心协力做至好。

（6）六好精神，永无笨人；优质文化与修养，六好管理齐共享。

（7）六好法则全做到，整齐清洁效率高；六好法规，企业生辉。

（8）六好心中记，安全又卫生；品质环境优，效率我至高。

六、六好活动表格1：时间管理安排表

表8－2　　　　　　　　　时间管理安排表

姓名：　　　　　　　　　　　　　　　　年　　月　　日

先后次序	工作内容	完成√

注：A—完成每天工作清单；B—下班前检查每天的工作清单是否完成。

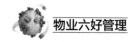

七、六好活动表格2：六好审核纠正表

表 8－3   六好审核纠正表

<u>不合格点的说明</u>

审核日期：＿＿＿＿＿＿＿＿＿＿   审核员/记录员：＿＿＿＿＿＿＿

审核地点：＿＿＿＿＿＿＿＿＿＿   违反标准：＿＿＿＿＿＿＿＿＿＿

	不合格点说明
改善前相片	

纠正及预防措施   纠正人：＿＿＿＿＿＿＿纠正日期：＿＿＿＿＿＿

	纠正及预防措施
改善后相片	

跟进结果：＿＿＿＿＿＿＿＿＿＿＿＿＿＿＿＿＿＿＿＿＿＿＿＿＿＿＿＿＿＿

主管签署：＿＿＿＿＿＿＿＿＿＿＿＿＿＿日期＿＿＿＿＿＿＿＿＿＿＿＿

八、有利实施六好管理的培训课——执行力

在实施六好的培训课中，时常还会讲一些辅导课，以利更好地实施好六好。如执行力、沟通、管理工具和微笑标准等。

执行力课程摘要如下：

执行力格言三则：

天行健，君子以自强不息——《周易》。

好的战略只是成功的三分之一，更重要的是在执行力。

成功是一把梯子，双手插在口袋里的人是爬不上去的。

1. 执行力的定义

执行力，就个人而言，就是把想做的事做成功的能力；对于企业，则是将长期战略一步步落到实处的能力。

从小到大，我们都通过很多行动去做成了很多事，也就是我们发挥自己的执行力从而获得成功。很明显，执行力每个人都有，只是存在强弱之分。卓越的执行力应是坚毅果敢的、不怕劳苦的、敢于开拓创新的。相反，差的执行力是缺乏毅力的、犹豫不决的、懒惰怕事的。

执行力到处都有，但卓越的执行力是非常可贵的，当今优秀企业的产生都离不开这样的人。

2. 提升执行力的意义

面对今天飞速发展的社会，如何做好工作？如何管理好企业？左思考，右思考，得出成功关键中的关键就是执行力。

执行力是企业成功的一个必要条件，企业的成功离不开好的执行力。当企业的战略方向、工作方式已经或基本确定，这时候就需要执行力来实现，没有执行力，再好的想法也不是想法。

一个基业常青的企业一定是一个战略、想法与执行都擅长的企业。

看世上很多人饱读诗书，但到头来穷困潦倒；有不少天才，却终一事无成；还有些人，才华横溢，但亦无所建树；更不用说那些懒惰怕事的庸庸之辈，一生更难有所成就。他们或拥有很好的天赋，或拥有良好的才

华，或拥有可成功的时间与环境。但为什么未能良好达成？很重要的原因就是缺乏卓越的执行力。

执行力，我们应醒觉它在成事中的作用。不论在有名的淮南子的《难易论》中，或是广为流传的《致加西亚的信》中，都赞扬了卓越的、坚毅果敢的执行力。

不妨的多思考假如你能执行，世界将会是怎样？

3. 卓越执行的秘诀

培养卓越的执行力有方法，可从以下几点进行加强：

（1）醒觉执行力精神。事在人为，绝不做懒人，不做"少壮不努力，老大徒伤悲"的人，明白"难，为之亦易；易，不为亦难"，要有不断付诸行动的耐力。明白"行百里者半九十"，能在最后一刻做好坚持。

（2）树立执行的信念。执行从心开始，古往今来，成大事者，皆必有勇往直前的执行决心。

时常自我暗示，输入积极的执行理念。如时常诵读下列话：

执行我就喜欢，执行让我成功。

执行光荣，拖拉、懒惰可耻！

我有执行的、大无畏的决心！

我有卓越的执行力！

（3）给自己一个动力。有行动的理由或目标，追求正确的。

（4）健康身体。要执行，需要身体力行，平时注意保养身体和锻炼。

（5）要有团队精神。很多工作的完成都要通过团队才能得以更好地实现。

（6）知识积累。学习必要的知识与方法。

（7）执行四宝。

①快。水中的小石头在什么情况下会漂起来？在水快速流动的情况下。快就会发生奇迹！快，智慧的、健康的表现。

你可以从以下几点训练自己的快：

快！每天早一点起床快！

快！立即行动！决不拖拉！

②认真。认真，隐含着伟大的力量，同时也是一种做事的伟大品格。认真是负责的表现，认真的员工有前途。

③全力以赴。

④坚守承诺。给自己一个好的承诺："要做就做最好的。""做一名优秀、卓越的管理员。"做不到就给自己一个处罚，如连续一周提早半小时到公司加班。

（8）让执行成为习惯。习惯好比每天早上的洗脸，每天起来会自然的洗脸。和有执行力的人在一起，没有则自己带头做起。

播下一种行动，收获一种习惯；播下一种习惯，收获一种性格；播下一种性格，收获一种命运。

（9）在实践中不断总结以提升执行力。

（10）只为成功找方法，不为失败找借口。

（11）学会认清现实，了解差距，用对的思路，拟订计划，明确目标和付诸行动。如图 8 - 5 所示。

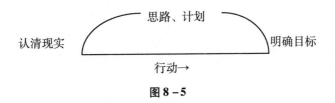

思路、计划

认清现实　　　　　　　　　　　明确目标

行动→

图 8 - 5

执行力，是平常的，也是神奇的。再好的想法、方案，没有执行就失去了价值！让我们扬起执行力的风帆；跨上执行力的骏马——去实现自己的工作目标；去实现自己的人生理想；去创造美好的人生。卓越的、坚毅果敢的执行！让我们从今天做起，努力执行好今天，执行好未来。

第九章
◀物业管理常识与技能▶

　　物业管理是指受物业所有人的委托，依据物业管理委托合同，对物业的房屋建筑及其设备，市政公用设施、绿化、卫生、交通、治安和环境容貌等管理项目进行维护、修缮和整治，并向物业所有人和使用人提供综合性的有偿服务。

　　推行物业六好（6S）管理，常涉及工作中的常识与技能。例如，各个部门的流程会帮助你结合实际做好自己岗位职责的流程，这是执行修养好的第一条。

　　考虑到很多从业人员对物业管理的理解有限，或者说有新加入的员工，那么，以下汇集的什么是物业管理等行业常识，将有助于你快速地了解、掌握一些必要的知识。

一、物业管理的定义

物业管理（property management）是指：受物业所有人的委托，依据物业管理委托合同，对物业的房屋建筑及其设备，市政公用设施、绿化、卫生、交通、治安和环境容貌等管理项目进行维护、修缮和整治，并向物业所有人和使用人提供综合性的有偿服务。综上所述，有的人称为狭义的物业管理，也是日常的称法。广义的物业管理应当包括业主共同管理的过程和委托物业服务企业或者其他管理人进行的管理过程（国务院 2007 年 10 月 1 日颁发的《物业管理条例》修订版第二条对这种狭义的物业管理作了清晰的界定，该条规定：物业管理，是指业主通过选聘物业服务企业，由业主和物业服务企业按照物业服务合同约定，对房屋及配套的设施设备和相关场地进行维修、养护、管理，维护物业管理区域内的环境卫生和相关秩序的活动）。

物业（property 或 estate），推究来源，可能是由香港传入沿海、内地，其含义为财产、资产、地产、房地产、产业等。该词自 20 世纪 80 年代引入国内，现已形成了一个完整的概念，即物业是指已经建成并投入使用的各类房屋及其与之相配套的设备、设施和场地。物业可大可小，一个单元住宅可以是物业，一座大厦也可以作为一项物业，同一建筑物还可按权属的不同分割为若干物业。物业含有多种业态，如办公楼宇、商业大厦、住宅小区、别墅、工业园区、酒店、厂房仓库等多种物业形式。

我国物业管理的产生与发展经历了以下四个阶段：萌芽时期（19 世纪中叶 ~1949 年）；休眠时期（1949 年 ~ 改革开放）；复苏时期（改革开放初期）；蓬勃发展时期（改革开放后）。

二、物业管理的内容

1. 常规性的公共服务

（1）房屋管理服务；

（2）房屋装修管理服务；

（3）物业共用设施设备管理服务；

（4）环境清洁卫生管理服务；

（5）绿化管理服务；

（6）安全管理服务；

（7）文化、娱乐服务；

（8）其他同时惠及全体业主、使用人的服务。

2. 针对性的专项服务

（1）代办类服务，如代缴水电费、煤气费、电话费等；

（2）高层楼宇的电梯管理、外墙清洗等；

（3）一般的便利性服务，如提供室内清扫、维修、装修等服务；

（4）其他一定比例住用户固定需要的服务。

3. 委托性的特约服务

（1）代订代送牛奶、书报；

（2）送病人就医、喂药、医疗看护；

（3）代请钟点工、保姆、家教、家庭护理员，代做家政服务；

（4）代接代送儿童入托、入园及上、下学等；

（5）代购、代送车、船、机票与物品；

（6）代洗车辆；

（7）代住户设计小花园，绿化阳台，更换花卉盆景等；

（8）代办各类商务及业主、使用人委托的其他服务项目。这类服务项目一般是协商定价，也是以微利和轻利标准收费。

4. 经营性服务

（1）开餐饮、理发美容、洗衣、熨衣店和商店；

（2）办收费农贸市场；

（3）养花种苗出售；

（4）利用区内空地或道路夜间空闲开辟日夜收费停车场（需得到业主大会和相关业主的同意，并依法办理手续）；

（5）开办维修公司、装修装潢公司、家电、车辆及各类生活用品的维修服务公司、绿化公司、清洁公司等经济实体，开展旅游、健身、商业、餐饮业、娱乐业等经营活动；

（6）从事房地产经租、信托、中介、咨询和评估、物业管理咨询等；

（7）其他多种经营服务项目。

5. 社会性管理与服务

就具体工作而言，物业管理公司必然要和各级政府、政法、公安、民政、医疗等部门发生联系，协助开展工作，传达新的政策和法令，接受有关方面的指导与监督。譬如协助做好治安防范、协助做好社区突发事件的防范与应急处理，协助有关部门开展预防接种、全民选举、人口普查、常住人口统计、计划生育等。

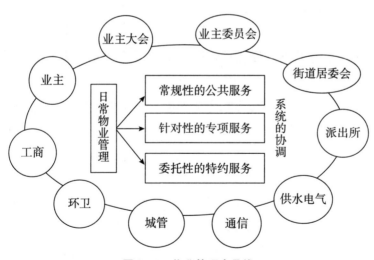

图 9-1　物业管理产品线

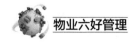

三、物业管理的基本环节

1. 物业管理的早期介入

（1）早期介入的原因。一开始许多项目都是在建成以后才引入物业管理，但这往往会导致一系列问题，如房型不佳，缺管理用房，泊车位不足，电梯容量不够，空调、排油烟机位置未考虑或预留位置不适用，管线布局不合理，安全防范技术设备缺少等。归结起来可以说，没有早期介入难免会产生物业配套不完善、布局设计不合理、质量不过关、资料欠缺等问题。所以，人们越来越清晰的认识到物业管理企业在接管物业之前，就要参与物业的策划、规划设计和建设，充分利用自己的专业经验，从业主、使用人及物业管理的角度提出意见和建议，把好物业规划设计、质量关，以便物业建成后能满足业主、使用人的要求，方便物业管理。

（2）物业管理早期介入的具体工作在物业开发建设的不同阶段内容不同主要表现为以下几点：

①立项决策阶段。主要是在项目的市场定位、潜在业主的构成及消费水平、周边物业管理概况以及日后的物业管理服务内容、标准及成本、利润测算等方面提供参考建议，减少物业开发决策的盲目性和主观随意性。

②规划设计阶段。物业管理企业人员在此方面的长处主要体现在：对细节问题的发现与处理有着特殊的敏感性和应变力；改进意见或建议更易贴近业主们的实际需求；更能直接地把以往物业开发的"先天不足"所造成的后果反映出来，以防患于未然。

③施工安装阶段。该阶段的主要工作内容是监督基础隐蔽工程、机电设备安装调试、管道线路的敷设及走向等日后难以从建筑外观上察觉的施工质量，收集资料，熟悉情况，提出整改意见，督促落实。

这种早期介入并不意味着物业管理的具体工作的介入，而是指物业管理人员为发展商提供各方面的咨询意见和代为监督，目的是确保物业的设计方案合理、施工质量可靠，以使后期使用管理有良好的基础。

2. 前期物业管理准备

（1）与房地产开发企业接洽前期物业管理服务事项，制订接管方案。

（2）管理机构的设立与人员的培训。

（3）制定系列管理制度。

（4）完善管理及办公条件。

3. 验收接管

（1）验收内容。物业公司要依照国家建设部制订的《房屋接管验收标准》和当地的有关接管验收规定，对物业主体结构是否安全、是否满足使用功能要求等进行再检验，对公共配套设备与设施的配备、安装、运行状况进行验收交接。

（2）移交内容。物业公司要在查明物业的全面状况的基础上办理书面移交手续，明确交接日期，对物业及配套管理办公用房、经营用房、各种产权和技术资料进行全面移交，移交的档案资料包括规划图、竣工图、地下管网竣工图、各类房屋清单、单体建筑结构图、设备竣工图及合格证或保修书等。

4. 入住期管理服务

（1）做好物业的清洁"开荒"等准备工作。

（2）为业主办理入住手续。

（3）装修搬迁管理。

5. 档案资料的建立

（1）物业资料。主要包括物业的各种设计和竣工图纸。

（2）业主和租户的资料。主要包括业主使用人姓名、入户人员情况、联系电话或地址、各项费用的缴交情况、房屋的装修等情况。

6. 正常期管理服务

正常期管理服务是指依据管理职责和管理标准，提供专业化、全方位的优质管理与服务，使物业管理纳入科学化、规范化、制度化的轨道。

7. 后期管理

后期管理是指全程物业管理的最后阶段，针对生命周期已结束的物业所进行的拆迁代理与环境保护方面的管理工作。

四、发展物业管理的意义与作用

（1）发展物业管理能促进经济增长，产生直接的经济效益。

（2）发展物业管理有利于提高人民群众生活、工作质量。

（3）发展物业管理有利于增加就业。

（4）发展物业管理有利于维护社区稳定。

（5）提高房地产经营活动的效益。

（6）有利于城市管理和环境的完善。

现以（6）为例，略作介绍：

现代城市管理主要包括建筑物的管理、道路交通和信息的管理、公共活动中心的管理和经济产业的管理等。建筑物的容貌构成城市形象的主体。一个个物业小区是城市的细胞，小区的环境整洁、优美，城市的面貌也就焕然一新。

当前国内的一些大、中城市都希望同国际接轨，建设一流的城市，以实惠当地人民，同时还有利于引进外资，发展经济。物业管理作为一种不动产的现代化管理模式，不受地区、国家和社会制度的限制。外商进入中国大陆，一旦投资项目初成或业务有所开拓，往往会考虑"安居乐业"，因而都十分关注如何为自己打造一个舒适高效的工作和居住环境。所以，优质的物业管理不仅体现了城市的优美形象，也是优化投资环境、吸引外商在华置业的重要条件。

1996 年世界卫生组织提出了"健康城市"的标准：

（1）为市民提供清洁和安全的环境；

（2）为市民提供可靠和持久的食品、饮水、能源供应，具有有效的清理垃圾系统；

（3）通过富有活力和创造性的各种经济手段，保证满足市民在营养、饮水、住房、收入、安全和工作方面的基本要求；

（4）拥有一个强有力的相互帮助的市民团体，能够为创立健康城市而努力工作；

（5）能使市民一道参与制定涉及其日常生活，特别是健康和福利的各项政策决定；

（6）提供各种娱乐和闲暇活动场所，以方便市民之间的沟通和联系；

（7）保护文化遗产并尊重所有居民的各种文化和生活特性；

（8）把保护健康视为公众决策的组成部分，赋予市民选择健康行为的权利；

（9）作出不懈努力，争取改善健康服务质量，并能使更多市民享受到健康服务；

（10）能使人们更健康长久地生活，减少疾病的发生。

以上这些要求大部分同物业管理的文明、卫生小区建设相符合，所以，物业管理做得好有利于城市管理和环境的完善。

五、物业管理歌

物业管理，服务人群。业务烦琐，谨慎细心。

业主投诉，事必有因。巡视检查，眼观耳听。

楼宇环境，整洁干净。门窗招牌，光亮透明。

人车分流，畅顺安宁。围墙护栏，避患除隐。

园艺草木，修剪翠茗。沟渠疏浚，避酿祸殃。

消防设施，确保正常。泵房运转，防裂管淌。

电梯机房，专业保养。保安职守，除暴安良。

突发事件，切莫慌张。冷静处理，必有良方。

热诚敬献，安居无恙。物业增值，如意吉祥。

六、客服工作介绍

1. 入住流程

（1）业主持入住会签单和入住通知书到地产办理第一步手续；

（2）物业负责发放业户手册和装修指南，并让业主签收，同时复印身

份证；

（3）业主填写住户登记表并签署装修保证合同；

（4）完成以上工作后受理人签字并盖章；

（5）去财务缴纳物业费和装修保证基金并盖章；

（6）由专人带领业主验房，填清整改单后交给业主钥匙并填写回执。

2. 登记办证

（1）出入证：

①装修工人出示施工许可证，身份证，暂住证；

②去财务交费（押金50元，工本费5元）；

③受理人员验收单据并登记在案（留身份证复印件）；

④办理证件交由相关人员，有效期为3个月以内。

（2）临时出入证：

①办证人员出示身份证；

②受理人检验并在临时出入证上登记；

③临时出入证有效时间为3天。

（3）装修许可证：

业主及装修公司在管理处登记并报批装修方案。

3. 钥匙管理

（1）发放。验房完毕后由管理人员将钥匙交与业主，并经业主同意后保留钥匙以备整改；

（2）领取。业主进场装修时持物业盖章的收条领取整改钥匙；

（3）借用。地产销售人员、业主借用钥匙要做登记并签名，归还后要及时消项，其他人员借用钥匙未经经理同意，钥匙不得错出。

4. 前台接待及整改

（1）投诉。接到业主投诉后要及时登记在值班记录表上，并通知相关部门处理，做出处理后在记录表上登记；

（2）回访。处理完毕后要及时进行电话回访，以确定业主满意程度。如不满意，则继续整改；

（3）整改。接单后由相关人员进行问题汇总，同时交由相关部门妥善处理。

5. 文件打印

（1）各部门有需打印的文件须经经理同意方可打印；

（2）打印需有相关记录并签名。

6. 投诉处理

（1）客服经理接到用户口头/书面投诉后，若能立刻回复用户则应立刻回复，并将有关投诉内容和回复内容记录下来。

（2）客服经理应及时分析问题产生的原因，分析判断投诉是否有效。若投诉有效，客服经理应立即拟定解决措施，在顾客要求回复的时间内回复用户。

（3）对于用户没有明确回复时间的，客服经理应根据事件的轻重缓急在规定的时间内回复顾客：

①严重且紧急事件和不严重但紧急事件应在 2 小时内回复，严重但不紧急和不严重不紧急事件可在 2 个工作日内回复；

②若投诉无效，客服经理应在 1 个工作日内，将投诉无效的原因知会顾客。

③对于无效的投诉，对用户应当予以合理、耐心的解释。

7. 客服工作回访

（1）客服投诉及家政维修等采用维修单形式进行跟踪，每项工作完成后，各部门即时将工作完成情况反馈于经理；

（2）每项工作完成后，客服经理主动邀请公司第三方对客户进行访问；

（3）访问内容包括上门时间是否及时，工作态度，技术，礼仪等。

8. 紧急事件处理

（1）紧急事件发生后，目击者立即通知值班人员及客服人员，客服经理在确保自身和受害者人身安全的前提下，竭力阻止事态或损失的扩大，并报告小区经理。当出现人员伤亡时，应全力救护。若本部门不能独自处理，由小区经理及时上报分公司总经理，经公司同意，方可向社会求援。

（2）事态稳定后，由公司组织追查事发原因和事故责任人，制定补救

和预防措施，并填写《紧急事件处理记录表》。

（3）事发部门结合公司总经理意见积极落实纠正和预防措施，并将落实结果填写在《紧急事件处理记录表》中。

（4）对因设备故障或房屋质量问题引发的紧急事故，客服经理应在第一时间内通知当值维修技术人员处理，当值维修技术人员无法确定故障或责任时应及时上报相关领导现场处理。

9. 其他工作

（1）更换锁芯及猫眼。装修完毕，由物业公司统一更换锁芯，业主在管理处登记后周六周日统一更换。更换前须提前通知业主。

（2）安装可视对讲。装修完毕，由物业公司统一安装，业主在管理处登记后周六周日统一更换。安装前须提前通知业主。

（3）燃气改管。改管须到物业进行登记，由物业联系燃气公司统一更改。更改前须提前通知业主。

"五步一法"服务操作

第一步：认识客户
主动地去认识和引导客户，为日后的服务打好基础。

第二步：了解客户
更多地了解客户，更好地识别客户需求，从而更好地提供服务。

第三步：帮助客户
转变思维方式，寓管理于服务之中，消除或减少客户抵触情绪。

第四步：理解客户
换位思考，体谅客户苦衷，进而迅速帮助客户排忧解难。

第五步：感动客户
除了完成"分内"的事，还要多想一想有没有"分外"的什么事情。

重要法则：成就客户
物业服务应以满足客户成功需求为法则，帮助客户成功是服务的终极目标。

七、安全保安服务介绍

1. 车辆登记

（1）车辆进出库场，必须认真履行规定手续并做好记录。

（2）每班不定时地巡查车况，发现问题，做好记录，及时处理。

（3）每班对车库（场）内防盗、防火设施检查一次。

（4）对小区地面、前厅、楼层、车库进行巡查，发现异常情况及时处理。

2. 来人来访登记

（1）对来访人员，一律执行先询问并征得被访人同意，再凭有效身份证件进行登记，由巡逻人员带领方能进入小区的管理制度。认真填写《来访登记表》。

（2）妥善处理不登记强行进入小区等意外情况。

（3）凡进入小区的车辆，都应请驾驶员自觉刷卡、值班员核对。

（4）禁止大型客、货车或载有易燃、易爆、有毒、有害物品的车辆进场。

3. 住户投诉

（1）认真听取住户意见，了解投诉的真正目的和原因。

（2）尽力作出恰当的答复。

（3）若当时无法答复，则采取以下办法：和住户约定时间；立即将投诉的问题下达给责任人，让其立即落实，按时汇报，或亲自落实；回复投诉者。

（4）如投诉者仍不满意，或感到事关重大，可向上级领导汇报，并按上级领导意见办理。

（5）在一定时间内上门回访。

4. 巡视小区

（1）巡视小区形成制度，每日至少 4 次。

（2）巡视的范围和主要内容包括：

①通过巡视，发现造成问题的原因，并联系小区经理及时解决问题。

②通过巡视，防止问题进一步恶化，将问题严防在最初。

（3）对巡视中发现问题的处置：

①做好记录。

②立即落实到具体责任人。

③限期整改。

④整改到期后，立即复查。

5. 突发事件

（1）突发事件是指：治安、刑事案件；火警、火灾；聚众斗殴；自然灾害；设施设备故障。

（2）当接到出现突发事件报告后，应立即赶赴现场。

（3）进行简要了解后，结合当时具体情况实施处置。

（4）立即向上级报告。

（5）协助上级主管（或消防）部门处理完毕突发事件。

（6）做好复查工作。

八、保洁工作介绍

1. 室内清洁程序及标准

（1）楼梯保洁：

①每天清扫 1 次各责任区楼梯台阶及电梯平台；

②每星期对各责任区楼梯拖洗 2~3 次；

③每两天用干净的毛巾擦抹各层消防栓柜门、排风口、玻璃窗、楼梯扶手、墙根部分地角线、安全指示牌、开关盒、设备井门等公共设施。

④清洁标准：地面、梯级洁净，目视无污渍、水渍、灰尘；楼梯扶手护栏干净、光亮、无尘；梯间顶面无蜘蛛网；大理石地面目视干净无污渍；水泥地面目视干净无杂物、污迹。

（2）电梯保洁：

①每天地面除尘去污；

②电梯门、壁、天花应每周保洁 1 次；

③电梯间的开关、运行显示器应每天用干布抹 1 次；

④电梯门道轨沟槽清扫每周 2 次，先用毛刷除去沟槽中的脏物、泥沙等，再用毛巾擦净；

⑤电梯保洁标准：目视地面无污渍灰尘，沟槽无杂物；不锈钢门表面光亮、无尘无污迹；灯具、天花无灰尘、蜘蛛网；轿箱内四壁干净、无灰尘、无污渍。

2. 室外公共区域及计划

包含以下内容：

（1）每天对小区的道路清扫 2 次。

（2）对主干路段每天清扫外，应巡回保洁。

（3）雨天后用扫把将道路上的积水扫除，确保路面无积水；雪天后用扫把将道路上的积雪扫除；若出现冰冻现象，则用铁锹或铁铲将其除去。

（4）绿化带里含有带刺的绿化清扫不方便时，可用火钳清除杂物。

（5）发现路面有油污应即时用长柄刷蘸清洁剂、除油剂进行刷洗；黄沙、水泥、涂料等装修装饰材料大面积遗留、嵌在道路、地面上后，立即用铁刷、盐酸（盐酸必须用水稀释）或水清洗。

（6）发现地面上有口香糖、污痕、痰迹，应立即用拖把或长柄刷及铲刀擦净，做到人过地净。

（7）道路的清洁标准：目视地面无杂物、积水，无明显污渍、泥沙；道路、人行道无污渍、每 200 平方米痰迹控制在一处以内；行人路面干净无浮尘、无杂物、垃圾和痰渍；路面垃圾滞留时间不能超过 1 小时。

3. 绿化带的清洁

（1）每天用扫把仔细清扫草地、绿化带上的果皮、纸屑、石块、树叶等垃圾。

（2）每周 2~3 次用火钳或手除去遗留在绿化带（花坛、花盆）内用扫把难以扫去的细小杂物，如口香糖、烟蒂、枯枝、碎纸屑等。

（3）老鼠洞必须立刻处理。

（4）每天清洁绿化带一次，秋冬季节或落叶较多时应增加清洁次数。

4. 垃圾桶、果皮箱的清洁

（1）垃圾桶、果皮箱应每天清运一次。

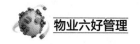

（2）垃圾桶、果皮箱应每周清洗一次，遇特殊情况应增加清洗次数。

（3）清洗垃圾桶、果皮箱时不能影响业主使用。

（4）清洗前应先倒净垃圾桶、果皮箱内的垃圾，除去垃圾袋，并集中运到指定的地方清洗。

（5）先将垃圾桶、果皮箱的表面冲洗一遍，然后用清洁剂反复擦拭。

（6）将油渍、污渍洗干净后，用清水冲洗干净，用布抹干。

（7）清洗完毕应及时将垃圾桶、果皮箱运回原处，并套好垃圾袋。

（8）清洁标准应达到：目视垃圾桶、果皮箱无污迹、无油迹；垃圾桶、果皮箱周围无积水。

5. 地下车库清洁

（1）每两天清除地下车库内的灰尘、纸屑等垃圾。

（2）每周将墙面以及所有箱柜和器具上的灰尘掸掉擦挣。

（3）每天清除地下室进出口处的垃圾，以避免下水道堵塞。

（4）每天查看车库内的卫生情况，不允许在地下车库堆放物品及垃圾。

（5）每周用湿拖把拖去灰尘或用水冲洗，保持场地无浮尘、无杂物、无污迹、空气流畅，无异味、无毒味，定期喷洒药水。

九、办公室六好管理细则

1. 办公桌

（1）桌面无灰尘、水渍、杂物，下班前要清理桌面。

（2）重要纸张文件，保密资料（包括发票、客户信息、合同）等一律入柜。

（3）其他纸件全部整齐放置在文件架、文件夹或书柜中，不得散放在桌面上。

（4）办公用品要摆放整齐，桌下不得堆放与工作无关的文件和物品，如报纸、杂志、纸箱等。

2. 办公椅

（1）保持干净整洁。

（2）摆放整齐，离开时办公椅要靠近办公桌摆放。

（3）不用的折叠椅应折起整齐地放在不影响他人走路的地方。

3. 抽屉

（1）下班离开前要锁好。

（2）内中物品要摆放整齐。

（3）抽屉中物品要进行定期清理。

4. 保密柜、文件柜

（1）有标志（部门、编号、责任人）。

（2）内中物品、文件等摆放整齐，标志明确，便于查找。

（3）文档保存规范。

5. 计算机

（1）摆放端正、保持清洁。

（2）下班时关闭电源。

（3）笔记本锁到个人物品柜中。

6. 打印机、传真机

（1）节约用纸，纸张存放整齐。

（2）及时取回打印、传真文件，以免丢失、泄密。

（3）不允许用传真机复印大量文件（单张或紧急时候可特殊对待）。

7. 地面

（1）地面保持干净。

（2）计算机电源线、网络线、电话线等扎放整齐。

（3）桌垫、纸袋、纸张、纸板、纸箱、塑料、泡沫等易燃品，不得与电源线、网线、电话线放置在一起，保证安全。

8. 通道、走廊

（1）通道、走廊保持通畅。

（2）不得摆放影响美观或走路的纸箱等。

（3）垃圾篓应置于桌下内侧，不得放在通道上。

9. 临时摆放物品

（1）原则上公共场所不许摆放纸箱、物品等。

（2）如特殊情况需临时摆放，必须放置整齐，不得影响整个办公场所的美观及行走方便。

10. 公用、流动座位

使用人员均有责任和义务在使用和离开时做好办公区域的卫生工作。

11. 个人行为

（1）工作时应保持良好的工作状态。

（2）不可随意谈天说笑、串岗、呆坐、看杂志、打瞌睡、吃零食。

（3）着装得体大方，工牌佩戴规范。

（4）爱护公物，用完归位。

（5）待人接物诚恳有礼貌，乐于助人。

（6）遵守公共秩序与规定。

（7）下班离开办公室前关闭所有电源。

（8）提高修养，追求并创造良好的办公环境。培养自律精神，并按规则做事。

12. 基本修养

（1）开放办公间办公

①不要大声喧哗，接听电话或与别人讨论的声音以隔壁的同事听不到为宜。

②团结并尊重每一位同事，工作中保持经常沟通，有不同意见时，要通过恰当方式解决，任何情况下都不可恶话相向或采取其他过激行为。

③如有客人来访，要做到彬彬有礼，最好在会议室或公共会客厅会客。

（2）手机的使用

①开会、上课、培训时手机关闭（或设置为震动）。

②在开放办公期间将手机转到座机上，或将声音调至不影响别人工作为宜。

以下资料摘录自某公司的规定：

各部门、管理处须对本部门办公环境六好管理执行情况依据《办公环境六好管理自查标准》进行自查自纠，对于不符合项及时进行整改。

公司品质部门组织对公司范围内办公环境六好管理执行情况依据《办公环境六好管理自查标准》各项标准进行不定期检查，并将检查结果于公司范围内予以通报，同时对不符合项提出整改要求。

对于六好管理执行情况优秀的部门给予表扬及鼓励；对于执行情况较差（评定 95 分以下）或未按公司要求及时整改的部门，对部门第一负责人及相关责任人（安管队长）给予月度考核扣 10 分。

十、物业管理服务中的四勤五要

在物业管理服务活动中，全面做到"四勤""五要"是全面提升物业管理服务从业人员职业道德的具体体现。

1. 四勤

（1）眼勤：每一个岗位的当值人员要多看，多留意周围的情况，做到眼观六路、耳听八方，不要只顾埋头做自己的事。

（2）脑勤：每一个岗位的当值人员要多用脑，遇到什么事情都要经过大脑想一下，三思而后行。

（3）腿勤：每一个岗位的当值人员在岗位上要多走动，尤其是保安和工程维修人员，在巡查中发现问题，及时处理，不要懒惰。

（4）手勤：每一个岗位的当值人员要多动手，比如，随手处理好岗位周围的环境卫生；多动手帮住户；多动手把摩托车的停放秩序维护好等。

2. 五要

（1）执行制度要严格。

（2）查巡工作要细致，能尢现问题并反馈或及时解决。

（3）处理问题要灵活，不要引起投诉和不必要的冲突。

（4）紧急情况处理要及时，不拖延、不推诿。

（5）与人沟通要文明，包括与业主、使用人或同事之间。

参考文献

［1］李毓秀．弟子规［M］. 21 世纪出版社，2010.

［2］何广明．优质五常管理法［M］. 广东经济出版社，2008.

［3］安子，何广明，陈义．家政服务五常法教程［M］. 中国劳动社会保障出版社，2010.

［4］孙少雄，孙宝东．服务业 5S 精益管理——品质改善利器［M］. 机械工业出版社，2010.

［5］浙江省餐饮行业五常法管理推广工作小组．浙江省餐饮业"五常法"管理技术指导手册［DB/OL］. http：//www. docin. com/p－483411090. html.

［6］海尔集团. 6S 大脚印［DB/OL］. http：//www. docin. com/p－730796984. html.

［7］绿城物业管理. 8S 管理目视化工作手册［DB/OL］. http：//www. docin. com/p－885599802. html.

［8］邹金宏．现代餐饮六好管理实操［M］. 广东经济出版社有限公司，2012.

［9］国务院．物业管理条例修订版［Z］. 2007－10－1.

如何成为有仁德和能成事的人

人有南北，而德性不分南北。人本具足大仁德和大智慧，可以成就自己，可以成就善业，然而，有时是被业障或者贪、嗔、痴、慢、疑等不良习性所蒙蔽，未能直见本来具足。

人生在世，主要做两件事：一是通过修养自己，使自己提升到有仁德的境界；二是做事，以利身边的人，乃至天下众人。

成己在于仁德，如果修养好仁德，就可以出凡入圣贤；成物（自身以外的一切有所成就，如事业等）在于智慧。

如何成为有仁德、智慧的人呢？

我们或许可以从2000多年前儒家述说的一些经典中找到方法。

《礼记·中庸》中曰：诚者，非自成己而已也，所以成物也。成己，仁也；成物，智也。性之德也，合内外之道也。"

成己成物中的"成己"是指成就自己，成就人自身，也就是修身养性，使自己成为拥有美德之人，由人而至君子、贤人、圣人。流程如示：一般人→好人或者君子→贤人→圣人→超越圣人……

修身养性便是在人的内心人格世界中达成"仁"的境界。"为仁由己，而由人乎哉"。在孔子看来，对仁的修炼完全由自己完成，无须借助他人等外在条件。"仁远乎哉？我欲仁，斯仁至矣。"在孔子的伦理视域里，个人对仁的修炼关键在于克己复礼，只有克己复礼才能为仁。"克己"就是克制自己的私欲，"复礼"是使自己的行为与仁德的规范相合。当个人超越了物质欲望对自身的束缚，使行为自觉合乎于礼制规范，便达成了仁，或者说便进入了仁的境界。

孔子的学生子思对此的体悟是："成己，仁也。"在孟子看来，成己便是心诚，"诚身有道，不明乎善；不诚其身矣。是故诚者，天之道也；思诚者，人之道也"。进而言之，孟子的成己是在自身内部充分实现人本身

固有的心善和性善。"恻隐之心，人皆有之；羞恶之心，人皆有之；恭敬之心，人皆有之；是非之心，人皆有之。恻隐之心，仁也；羞恶之心，义也；恭敬之心，礼也；是非之心，智也。仁义礼智，非由外铄我也，我固有之，弗思而已。"《大学》对传统儒家美德思想所做的总结是："古之欲明明德于天下者，先治其国；欲治其国者，先齐其家；欲齐其家者，先修其身；欲修其身者，先正其心。"所谓修身、正心，便是成己，使自己成为有道德人格之人，这是齐家、治国、平天下的先决条件。由此，成己是指主体内在美德的养育和修成，通过修身养性，不断完善自我的美德，最终实现个人的至善境界。

成己是内在修行功夫，属于人的精神自觉或者说本性呈现。同时，儒家伦理并不局限于这种内在功夫，还要求将这种内在美德展现于外，践行于道德实践中。因此，提出成物。

例如，一是要求将个人的美德实现于人的社会，由己推人，从而成就于人，成就于社会。如孔子说："仁者爱人""夫仁者，己欲立而立人。己欲达而达人"。就是说，先修身、正心、诚意，而后齐家、治国、平天下。

二是要求将个人的美德实现于自然世界之中，由人及物，成就于物。成己成物中的物，是指人之外的立于天地间的一切存在之物。所谓成物，一方面是指善待万物，对物表现出仁爱之心，如孔子提出的"仁者乐山，智者乐水"，并亲身做到"钓而不网，戈不射宿（用竹竿钓鱼，而不用网捕鱼；只射飞着的鸟，不射夜宿的鸟。给动物生存的机会！爱人而及物。因为，钓鱼，是鱼儿主动上钩。且所钓之鱼，总也有限。网鱼，是鱼别无选择而置之死地。且往往是一网打尽，所以不建议做）。"孟子主张："亲亲而仁民，仁民而爱物""己正而物正"。张载则强调："乾称父，坤称母，予兹藐焉，乃混然中处。故天地之塞，吾其体；天地之帅，吾其性；民吾同胞，物吾与也。"另一方面是指尽物之性，使物成之为物，即使物各得其所，按照其自身固有的秉性和规律存在与运行。如儒家提出"各遂其生，各顺其性"，《中庸》则说："能尽人之性，则能尽物之性"。总之，在儒家伦理看来，仁者、诚者，即成就美德之人，是身任天下之人，拥有普遍的宇宙关怀，他既能达人而爱民，又能利济群生，泛爱、善待、辅助天下万物，使"四时行焉，百物生焉"，最终实现"天"的"生生之德"和"生生之道"。

用今天的话来说，成人、成物的品德是利众人，乃至思及众生之生。

《中庸》：天下之达道五，所以行之者三。曰：君臣也，父子也，夫妇也，昆弟也，朋友之交也；五者，天下之达道也。知（智）、仁、勇三者，天下之达德也。所以行之者一也。或生而知之，或学而知之，或困而知之，及其知之一也。或安而行之，或利而行之，或勉强而行之，及其成功一也。子曰："好学近乎知，力行近乎仁，知耻近乎勇。知斯三者，则知所以修身；知所以修身，则知所以治人；知所以治人，则知所以治天下国家矣。"

译文参考：天下之达道有五种伦常关系，所以行之者有三种德行。是：君臣、父子、夫妇、兄弟、朋友之间的交往，这五项是天下人共有的伦常关系，正确的做法建议是：上仁下忠；父慈子孝；夫义妇顺（听）；兄友弟恭；朋友有信。智、仁、勇，这三种是用来处理这五项伦常关系的德行。所以行之者一也（笔者注：可能是指诚心去实行）。有的是生来就知道它们，有的是通过学习才知道它们，有的是遇到困难后才知道它们。及其知之一也（可能是指：懂得后就一样了）。有的人自觉自愿地去实行它们，有的人为了好处才去实行它们，有的人勉强地去实行。及其成功一也。孔子说："喜欢学习就接近了智，努力实行就接近了仁，知道羞耻就接近了勇。知道这三点，就知道怎样修养自己，知道怎样修养自己，就知道怎样管理他人，知道怎样管理他人，就知道怎样治理天下和国家了。"

好学近乎智，力行近乎仁，知耻近乎勇。——这就是成事的基本法。

说出来的方法，只是名叫法，实际上不一定是"法"，所说的一切，只是为了方便你能觉悟、成功！

我告诉你的方式，文字的表达是形传；你心明我心是心传。此外，你本自有，是不传而有；天地启发你，是"天传"。

物业管理"三"字经

树立三心：热心、诚心、耐心

强调三性：主动性、积极性、创造性

要讲三技：技术、技能、技巧

要求三高：高标准、高要求、高质量

行三礼：举手礼、注目礼、点头礼

做到三勤：嘴勤、手勤、腿勤

实行三查：查岗位、查职责、查隐患

进行三防：防火、防盗、防水浸

保持三贵：贵在实践、贵在坚持、贵在自律

考核三可：可比性、可操作性、可持续性

制度三化：规范化、系统化、图表化

处理三快：投诉处理快、事情跟进快、解决问题快

目标三满意：业主满意、开发商满意、自己满意

《弟子规》

之所以将《弟子规》作为本书附录之一，是因为《弟子规》是一个很值得借鉴与重视的规范，而且六好管理中的内容与其有关联。力行《弟子规》，能使企业员工变得更优秀，企业的整体竞争力也会提高，关于这一点，在很多学习《弟子规》的企业得到了印证。

《弟子规》，是清朝时期的李毓秀（公元 1662—1722 年）所编著，他以《论语》的"弟子入则孝，出则悌，谨而信，泛爱众，而亲仁，行有余力，则以学文"为中心，分为五个部分编著成《训蒙文》。具体列述弟子在家、出外、待人、接物与学习上应该恪守的守则规范。后来清朝贾存仁修订改编，并改名为《弟子规》。全文共 1080 字、360 句、113 件事。看似一本不显眼的小书，实际上汇集了中国至圣先贤的大智慧，蕴集了做人、做事、做学问的大智慧。

在《弟子规》一文中，可以清晰地看出与"六好"相一致的内容。

六好管理中整理的意思是：留要与弃不要。在工作中要分清需要的东西和不需要的东西，需要的东西留在我们身边，不需要的东西放置在仓库、扔掉或妥善处理。《弟子规》中："亲所好，力为具，亲所恶，谨为去。"意思是凡是父母所喜欢、需要的东西，一定要尽力替他们准备好；凡是父母所讨厌的东西，一定要小心地处理掉。这是对我们意识境界的整理，可以引申到家庭现场中，需要的各种物料、工具、设备等要准备好，长期不需要的物料、工具、设备等要放在仓库里或处理掉。

整顿的意思是：科学布局，取用快捷，或 30 秒内能找到要找的东西。也就是对需要的东西，分类定置摆放。《弟子规》中："置冠服，有定位，勿乱顿，致污秽"。意思是脱下来的衣服和帽子，要放置在一个固定的地方，不能到处乱丢，以免把衣帽弄脏。"列典籍，有定处；读看毕，还原处"。意思是存列各种书籍、文件资料等，要有固定的地方；阅读完一本

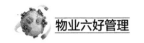

书，一定要放回原处，这样便于下次查找。

清洁的意思是：清除垃圾，美化环境。《弟子规》中："房室清，墙壁净；几案洁，笔砚正"。意思是房间里要收拾清扫，摆放整齐，墙壁要保持干净。桌子要保持清洁，笔墨纸砚等文具要摆放端正。扫除头脑中不良思想、坏习惯，如《弟子规》中"奸巧语，秽污词，市井气，切戒之"。

安全方面如"宽转弯，勿触棱"。

维护方面如"读看毕，还原处，虽有急，卷束齐，有缺坏，就补之"。

修养方面如"身有伤，贻亲忧；德有伤，贻亲羞"。

以上等等，《弟子规》中的内容都与六好管理内容相似。

是以为记，并辑录《弟子规》如下，以便参考：

弟子规

总 叙

弟子规　圣人训　首孝悌　次谨信
泛爱众　而亲仁　有余力　则学文

入则孝

父母呼　应勿缓　父母命　行勿懒

父母教　须敬听　父母责　须顺承

冬则温　夏则清　晨则省　昏则定

出必告　反必面　居有常　业无变

事虽小　勿擅为　苟擅为　子道亏

物虽小　勿私藏　苟私藏　亲心伤

亲所好　力为具　亲所恶　谨为去

身有伤　贻亲忧　德有伤　贻亲羞

亲爱我　孝何难　亲憎我　孝方贤

亲有过　谏使更　怡吾色　柔吾声

谏不入　悦复谏　号泣随　挞无怨

亲有疾	药先尝	昼夜侍	不离床
丧三年	常悲咽	居处变	酒肉绝
丧尽礼	祭尽诚	事死者	如事生

出则弟

兄道友	弟道恭	兄弟睦	孝在中
财物轻	怨何生	言语忍	忿自泯
或饮食	或坐走	长者先	幼者后
长呼人	即代叫	人不在	己即到
称尊长	勿呼名	对尊长	勿见能
路遇长	疾趋揖	长无言	退恭立
骑下马	乘下车	过犹待	百步余
长者立	幼勿坐	长者坐	命乃坐
尊长前	声要低	低不闻	却非宜
进必趋	退必迟	问起对	视勿移
事诸父	如事父	事诸兄	如事兄

谨

朝起早	夜眠迟	老易至	惜此时
晨必盥	兼漱口	便溺回	辄净手
冠必正	纽必结	袜与履	俱紧切
置冠服	有定位	勿乱顿	致污秽
衣贵洁	不贵华	上循分	下称家
对饮食	勿拣择	食适可	勿过则
年方少	勿饮酒	饮酒醉	最为丑
步从容	立端正	揖深圆	拜恭敬
勿践阈	勿跛倚	勿箕踞	勿摇髀
缓揭帘	勿有声	宽转弯	勿触棱
执虚器	如执盈	入虚室	如有人

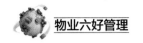

事勿忙　忙多错　勿畏难　勿轻略
斗闹场　绝勿近　邪僻事　绝勿问
将入门　问孰存　将上堂　声必扬
人问谁　对以名　吾与我　不分明
用人物　须明求　倘不问　即为偷
借人物　及时还　后有急　借不难

信

凡出言　信为先　诈与妄　奚可焉
话说多　不如少　惟其是　勿佞巧
奸巧语　秽污词　市井气　切戒之
见未真　勿轻言　知未的　勿轻传
事非宜　勿轻诺　苟轻诺　进退错
凡道字　重且舒　勿急疾　勿模糊
彼说长　此说短　不关己　莫闲管
见人善　即思齐　纵去远　以渐跻
见人恶　即内省　有则改　无加警
唯德学　唯才艺　不如人　当自砺
若衣服　若饮食　不如人　勿生戚
闻过怒　闻誉乐　损友来　益友却
闻誉恐　闻过欣　直谅士　渐相亲
无心非　名为错　有心非　名为恶
过能改　归于无　倘掩饰　增一辜

泛爱众

凡是人　皆须爱　天同覆　地同载
行高者　名自高　人所重　非貌高
才大者　望自大　人所服　非言大
己有能　勿自私　人所能　勿轻訾

勿谄富　勿骄贫　勿厌故　勿喜新
人不闲　勿事搅　人不安　勿话扰
人有短　切莫揭　人有私　切莫说
道人善　即是善　人知之　愈思勉
扬人恶　即是恶　疾之甚　祸且作
善相劝　德皆建　过不规　道两亏
凡取与　贵分晓　与宜多　取宜少
将加人　先问己　己不欲　即速已
恩欲报　怨欲忘　报怨短　报恩长
待婢仆　身贵端　虽贵端　慈而宽
势服人　心不然　理服人　方无言

亲　仁

同是人　类不齐　流俗众　仁者希
果仁者　人多畏　言不讳　色不媚
能亲仁　无限好　德日进　过日少
不亲仁　无限害　小人进　百事坏

余力学文

不力行　但学文　长浮华　成何人
但力行　不学文　任己见　昧理真
读书法　有三到　心眼口　信皆要
方读此　勿慕彼　此未终　彼勿起
宽为限　紧用功　工夫到　滞塞通
心有疑　随札记　就人问　求确义
房室清　墙壁净　几案洁　笔砚正
墨磨偏　心不端　字不敬　心先病
列典籍　有定处　读看毕　还原处
虽有急　卷束齐　有缺坏　就补之

173

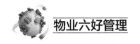
非圣书　屏勿视　蔽聪明　坏心志

勿自暴　勿自弃　圣与贤　可驯致

弟子规图解如下。

《弟子规》这本书，是依据至圣人的教诲而编成的生活规范。

首先，在日常生活中，要做到孝顺父母，友爱兄弟姊妹。

其次，在一切日常生活言语行为中要小心谨慎，要讲信用。

和大众相处时要平等博爱，并且亲近有仁德的人，向他学习，这些都是很重要非做不可的事。如果做好了日常的学业或者工作之后，还有多余的时间精力，就应该好好地学习六艺等其他有益的学问（注：圣人：指尧、舜、禹、周公、老子、孔子等先贤。弟：通悌，意为友爱。亲仁：亲近有仁德之人。学文：学习知识与技能）。

父母呼唤，应及时回答，不要慢吞吞的很久才应答，父母有事交代，要立刻动身去做，不可拖延或推辞偷懒。父母教导我们做人处事的道理，是为了我们好，应该恭敬的聆听。做错了事，父母责备教诫时，应当虚心接受。

侍奉父母要用心体贴，二十四孝的黄香（香九龄），为了让父亲安心睡眠，夏天睡前会帮父亲把床铺扇凉，冬天寒冷时会为父亲温暖被窝，实在值得我们学习。

早晨起床之后，应该先探望父母，并向父母请安问好。下午回家之后，要将今天在外的情形告诉父母，向父

母报平安，使父母放心。

外出离家时，须告诉父母要到哪里去，回家后还要当面禀报父母回来了，让父母安心。

平时起居作息（生活习惯），要保持正常有规律，做事有常规，不要任意改变，以免父母忧虑。

纵然是小事，也不要任性、擅自做主，而不向父母禀告。如果任性而为，容易出错，就有损为人子女的本分，因此让父母担心是不孝的行为。

公物虽小，也不可以私自收藏占为己有。如果私藏，品德就有缺失，父母亲知道了一定很伤心。

父母亲所喜好的东西，应该尽力去准备。父母所厌恶的事物，要小心谨慎地去除（包含自己的坏习惯）。

要爱护自己的身体，不要使身体轻易受到伤害，让父母亲忧虑。（曾子曰："身体发肤受之父母，不敢毁伤"）。要注重自己的品德修养，不可以做出伤风败德的事，使父母亲蒙受耻辱。

当父母亲喜爱我们的时候，孝顺是很容易的事；当父母亲不喜欢我们，或者管教过于严厉的时候，我们一样孝顺，而且还能够自己反省检点，体会父母的心意，努力改过并且做得更好，这种孝顺的行为最是难能可贵。

父母亲有过错的时候，应小心劝导改过向善，劝导时态度要诚恳，声音必须柔和，并且和颜悦色，如果父母不听规劝，要耐心等待，一旦有适当时机，例如父母情绪好转或是高兴的时候，再继续劝导；如果父母仍然不接受，甚至生气，此时我们虽难过得痛哭流涕，也要恳求父母改过，纵然遭遇责打，也无怨无悔，以免陷父母于不义，于一错再错，铸成大错。

父母亲生病时，子女应当尽心尽力的照顾，一旦病情严重时，更要昼夜服侍，不可以随便离开。

父母去世之后，守孝期间（古礼三年），要常常追思、感怀父母教养的恩德。自己的生活起居必须调整改变，不能贪图享受，应该戒绝酒肉（请参考《地藏经》，孝子应如何给往生者修福）。

办理父母亲的丧事要哀戚合乎礼节，不可草率，也不可铺张浪费，才是真孝顺（《论语》：生，事之以礼，死，葬之以礼，祭之以礼）。

祭拜时应诚心诚意，对待已经去世的父母要如同生前一样恭敬（《论语》：祭如在，祭神如神在）。

当哥哥姐姐的要友爱弟妹，做弟妹的要懂得恭敬兄姊，兄弟姊妹能和睦相处，一家人和乐融融，父母自然欢喜，孝道就在其中了。

与人相处不斤斤计较财物，怨恨就无从生起。言语能够包容忍让，多说好话，不说坏话，忍住气话，不必要的冲突、怨恨的事情自然消失（言语为福祸之门。孔门四科有：德行、言语、政事、文学。可见言语之重要）。

良好的生活教育，要从小培养；不论用餐就座或行走，都应该谦虚礼让，长幼有序，让年长者优先，年幼者在后。

长辈有事呼唤人，应代为传唤，如果那个人不在，自己应该主动去询问是什么事？可以帮忙就帮忙，不能帮忙时则代为转告（国父孙中山说："人生以服务为目的，不以夺取为目的。"青少守则明言：助人为快乐之本）。

称呼长辈，不可以直呼姓名，在长辈面前，要谦虚有礼，不可以炫耀自己的才能。

路上遇见长辈，应向前问好，长辈没有事时，即恭敬退后站立一旁，等待长辈离去。古礼：不论骑马或乘车，路上遇见长辈均应下马或下车问候，并等到长者离去稍远，约百步之后，才可以离开（表敬老尊贤，有很深意义，今虽然很少骑马，但见长辈，当如古时一样礼敬）。

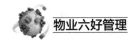

　　长辈站立时，晚辈应该陪着站立，不可以自行就座，长辈坐定以后，吩咐坐下才可以坐。

　　在尊长面前说话，声音要柔和适中，回答的音量太小让人听不清楚，也是不恰当的。

　　有事要到尊长面前，应快步向前，退回去时，必须稍慢一些才合乎礼节。当长辈问话时，应当专注聆听，眼睛不可以东张西望，左顾右盼。

　　对待叔叔、伯伯等尊长，要如同对待自己的父亲一般孝顺恭敬，对待同族的兄长（堂兄姊、表兄姊），要如同对待自己的兄长一样友爱尊敬（有四海一家的十大胸怀，这也是推己及人之博爱。用于企业，即对领导、同事自然就会敬重）。

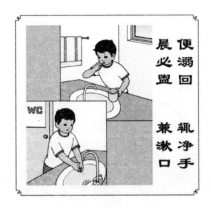

谨

　　早上要尽量早起，晚上要晚点睡觉，因为人生的岁月很有限，光阴容易消逝，少年人一转眼就是老年人了，所以我们要珍惜现在宝贵的时光（把握光阴及时努力，若经常晚睡甚至熬夜，不但对身体健康不好，也影响白天正常的作息。岁月不待人，青春要珍惜。俗话说：少壮不努力，老大徒悲伤。陶渊明诗：盛年不重来，一日难再晨。及时当勉励，岁月不待人）。

　　每天早上起床必须先洗脸，然后刷牙漱口，解完大小便以后把手洗干净，这是讲究卫生的好习惯。

　　出门帽子要戴端正，穿衣服要把纽扣扣好；袜子和鞋子都要穿得贴切，鞋带要系紧，这样全身仪容才整齐。

　　脱下来的帽子和衣服应当放置在固定的位置，不要随手乱丢乱放以免弄皱弄脏（注：大处着眼，小处着手，养成良好的生活习惯，是成功的一半。这引申为：放置其他物品时也是一样的）。

　　穿衣服注重的是整齐清洁，不在衣服的昂贵华丽，而且要依照自己的身份穿着，同时要配合家庭的经济状况（这是持家之道。不要为了面子，更不要让虚荣心作祟，无谓的开销就是浪费）。

对于食物不要挑剔偏食，而且要吃适当的分量，不要吃过量（注：建议日常饮食要注意营养均衡，多吃蔬菜水果，少吃肉，不要挑食、偏食，三餐常吃七八分饱，避免过量，以利健康）。

我们年纪还小尚未成年，更不该尝试喝酒，因为喝醉了丑态百出，最容易表现出不当的言行（注：成年人饮酒也不要过量，试看醉汉疯言疯语，丑态毕露，惹出多少是非）。

走路时脚步要从容不迫，站立的姿势要端正。注意行礼时要把身子深深地躬下，跪拜时要恭敬尊重（立如松，行如风，坐如钟，卧如弓）。

进门时不要踩到门槛，站立时要避免身子歪曲斜倚，坐着时不要双脚展开簸箕（指不要抖动），也不要抖脚或摇臂，这样才能表现优雅怡人的姿态。

进门的时候要慢慢地揭开帘子，尽量不发出声响，走路转弯时离棱角要远一点，保持较宽的距离，才不会碰到棱角伤了身体；拿空的器具要像拿盛满的一样小心，进到没人的屋子里，要像进到有人的屋子里一样。

做事不要匆匆忙忙，匆忙就容易出错。

遇到该办的事情不要怕困难而犹豫退缩，也不要轻率随便而敷衍了事。

容易发生打斗的场所，不要靠近逗留；对于邪恶怪僻的事情，不必好奇地去追问（发生争吵打斗的不良场所，乃至赌博等是非之地，要勇于拒绝，不要接近，以免受到不良的影响。一些邪恶下流、荒诞不经的事也要谢绝，不听、不看，不要好奇地去追问，以免污染了善良的心性）。

将要入门之前先问一下："有人在吗？"将要走进厅堂时，先放大音量，以让厅堂里的人知道；假使有人请问："你是谁"，回答时要说出自己的名字，如果只说"吾"或是"我"，对方就听不清楚到底是谁。

借用别人的物品，一定要事先讲明，请求允许。如果没有事先征求对方同意，擅自取用就是偷窃的行为。借来的物品，要爱惜使用，并准时归还，以后若有急用，再借就不难（谚语有云：好借好还，再借不难）。

信

凡是开口说话，首先要讲究信用，欺诈不实的言语，在社会上可以永远行得通吗？

话说得多不如说得少，凡事实实在在，不要讲些不合实际的花言巧语，奸邪巧辩的言语、不雅的词句及无赖之徒通俗的口气，都要切实戒除掉。

还未看到事情的真相，不要轻易发表意见，对于事情了解的不够清楚，不轻易传播出去。

觉得事情不恰当，不要轻易答应，如果轻易答应就会使自己进退两难。

185

凡道字　重且舒
勿急疾　勿模糊

不关己　莫闲管
彼说长　此说短

谈吐说话要稳重而且舒畅，不要说得太快太急，或者说得字句模糊不清，让人听得不清楚或会错意。

遇到别人谈论别人的是非好坏时，如果与己无关就不要多管闲事（注：这是指谈论一些小是小非，不去闲管。如果关乎天下，事出正义、利众，自己则可以据情适当管理，或者思考今后自己能做什么而有利天下）。

纵去远　以渐跻
见人善　即思齐

有则改　无加警
见人恶　即内省

看见他人的优点行为，心中就升起向他人看齐的好念头，虽然目前还差得很远，但只要肯努力就能渐渐赶上。

看见他人犯了罪恶的时候，心里先反省自己，如果也犯同样的过错，就立刻改掉，如果没有就更加警觉不犯同样的过错。

当道德学问和才艺不如他人时，应该自我督促努力赶上。

至于穿的衣服和吃的饮食不如他人时，可以不用担心、郁闷。

听见别人说我的过错就生气，称赞我就高兴，这样不好的朋友就越来越多，真诚有益的朋友就不敢和我在一起。

如果听到别人称赞我先自我反省，生怕自己没有这些优点，只是空有虚名；当听到别人批评我的过错时，心里却欢喜接受，那么正直诚实的人就越喜欢和我亲近。

不是有心故意做错的，称为过错；若是明知故犯，便是罪恶。

不小心犯了过错，能勇于改正就会越改越少，渐归于无过；如果故意掩盖过错，那反而又增加一项掩饰的罪过了。

泛爱众

凡是人类，皆须敬爱；同顶一片天，同住地球上（注：对于大众有关怀爱护的心，如同苍天与大地，绝对没有私心，不论好人、坏人、聪明、愚笨、宝贵、贫贱、种族国界都一样给予保护和承载，纯是一片仁慈之心。正是"天同覆，地同载"的大同境界。泛爱众的人是君子，他的心中有人我一体的观念，关怀大众，我们若处处学着仁厚待人，在德行上改过修养，守住人的品格，并深入学习各项才艺，相信也能做出一番利益大众的事业）。

德行高尚者，名声自然崇高；人们敬重他是德行，并非他的容貌外表好。

大德大才者，威望自然高大；人们佩服他是真才，并非他会说大话。

自己有能力，不要自私自利，要帮助别人；他人有能力，不要嫉妒而贬低别人，应当欣赏学习。

不要献媚巴结富有的人，也不要在穷人面前骄傲自大。

不要喜新厌旧。

至圣先师孔子教导我们，贫和富只是生活方式不同而已，都要学习礼节充实各项才能，发挥人我一体的仁心，才能营造一个"贫而乐，富而好礼"的幸福社会。

他人有事，忙得没有空暇，就不要找事搅乱他。

对方身心很不安定，我们就不再用闲言碎语干扰他。

别人的短处，切记不要去揭短；别人的隐私，切记不要去宣扬（别人有秘密不想让人知道，我们就不要说出来）。

赞美他人的善行就是行善，别人听到你的称赞，就会更加勉励行善。

赞扬他人的恶行，就是在做恶事，对别人过分指责批评，会给自己招来灾祸（注：宣扬别人的过恶，就等于自己作恶，如果过分的憎恶，就会招来灾祸。更正：图中"既是"改为"即是"）。

互相劝善，德才共修；有错不能互相规劝，两个人的品德都会亏欠。

取得或给予财物，贵在分明，该取则取，该予则予；给予宜多，取得宜少。

有事要托人做或有话要和人说，先问一问自己是不是喜欢，如果自己不喜欢就应立刻停止。

他人对我有恩惠，应时时想回报他；不小心和人结了怨仇，应请求他人谅解，及早忘掉仇恨，报怨之心停留的时间越短越好，但是报答恩情的心意却要长存不忘。

对待家中的侍婢和仆人，本身行为要注重端正庄重，不可轻浮随便，若能进一步做到仁慈、宽厚，那就更完美了。

权势可以获使人服从，虽然表面上不敢反抗，心中却不以为然。唯有以道理感化对方，才能让人心悦诚服而没有怨言。

虽然现在也很少有人用婢仆，但是类似的关系仍然处处可见，让我们一起来学习仁德君子的泛爱众，多为大众着想，共同营造一个相互关怀、相互体谅的温馨社会。

而亲仁

同样都是人，类别却不一定整齐，就一般说，跟着潮流走的俗人占了大部分，而有仁德的人还显得稀少（相信日后的进步会增多）。

对于一位真正的仁者，大家自然敬畏他，仁者说话不会故意隐讳，脸色态度也不会故意向人谄媚求好。

能够亲近仁者，向他学习就会得到无限的好处，自己的品德自然进步，过错也跟着减少。如果不肯亲近仁者，会产生许多害处，小人会乘虚而入，围绕身旁，很多事情就会弄坏。

余力学文

对于孝、悌、谨、信、泛爱众、亲仁这些应该努力实行的本分，却不肯力行，只在学问上研究探索，这样最容易养成虚幻浮华的习性，怎能成为一个真正有用的人呢？相对地，如果只重力行，对于学问却不肯研究，就容易执着自己的看法，可能会看不到真理，这也不是我们所应有的态度。

读书的方法要注重三到，就是心到、眼到、口到。这三到都要实实在在地做到。读书时正在读这一段，就不要想到别段，这段还未读完读通，就跳到另一段，而东翻西阅，不肯定下心来，宜按部就班的读完（注：意指做学问要专一，不能一门学问没搞懂，又想搞其他学问）。

读书计划要有宽限，用功要加紧，用功到了，学问就通了。

不懂的问题，记下笔记，向良师益友请教，求得正确答案。

这正是所谓书读千遍，其意自现。有疑问的地方，经反复思考，还不能了解的话，就用笔记下来，向有关的师长请教，以求得到正确的答案。

书房要整理得简单清洁，四周墙壁保持干净，书桌清洁干净，所用的笔和砚台要摆放端正。

在砚台上磨墨，如果墨条磨扁了，就是存心不端正，写字若随便不公正，就是心里先有了病。宜由此而省，做到身心端正。

排列经典图书，要安放在固定的地方，读完以后立刻归还原处。

即使发生较紧急的事，也要收拾整齐。遇到书本有残缺损坏时，应立刻补好保持完整。你爱书，书爱你，自有一分恭敬在其中，一分恭敬就有一分收获，十分恭敬就有十分收获。

　　如果不是传输圣贤道理的书籍，一概摒除一旁不要理它，因为书里面不正当的事理会蒙蔽我们的聪明智慧，会败坏我们纯正的志向。

　　不要狂妄自大，也不要放弃自己，圣贤的境界虽高，但只要按部就班、循序渐进，人人都可到达。

附录四

哈密市和谐物业管理有限公司简介

一、公司的基本情况

和谐物业公司成立于 2011 年 6 月，主要是集物业管理、园林绿化、电梯维保、工程服务等项目为一体的专业的多元化公司。公司注册资金人民币 300 万元，国家二级资质物业管理企业、具备物业管理方面的各项专业证书人数 50 人，公司连续两年被评选为哈密优秀物业第一名。2013 年 4 月，聘请了国际咨询公司为公司做长期管理辅导培训。2014 年推行了六好标准管理体系，也通过了 ISO 9001 服务质量认证，自成立至今先后接管了政府集资楼、石油办公区、加油站、工业园区等 30 多个物业服务项目，总面积为 217.6 万平方米。为了满足市场需求又增加了二级产业链——巾帼培训学校，从培训到人才输出，提供家政、月嫂、养老护理、早教、营养师等项目。

二、公司的管理规程

（1）作业标准化；

（2）人才专业化；

（3）流程表格化；

（4）团队人性化；

（5）管理数据化；

（6）行动军事化；

（7）服务多元化；

（8）形象社会化。

三、公司的文化

公司的远景：成为最具有客户价值的物业品牌服务专家引领者。

公司的使命：成就员工梦想，为打造和谐家园而奋斗终生。

公司的价值观：学习、突破、激励、热情、感恩、专注、专业、安全。

公司的服务标准：六心服务，即耐心、诚心、信心、细心、热心、恒心。

公司的服务理念：你希望别人怎样待你，首先你要怎样待别人。急业主所急、想业主所想、做业主24小时的贴心管家。

四、公司的目标

我们只做"唯一"不做第一。

对待员工：放飞和成就员工梦想。

对待客户：给客户营造安居乐业的和谐生活环境。

对待社会：和谐小家就能和谐大家。

和谐物业人对未来充满信心，领行业之新，标行业之异，争做"唯一"的专业物业服务品牌，在不断地完善自我的同时，努力发展壮大，以优质的服务和信誉赢得市场，努力成为物业领域的一支亮剑队伍。

附录五

六好管理实施方案

有的朋友也许会问，六好管理很好，但是，如何又快速又好地实施于企业中呢？请专业的公司或者人员协助，是最好的方法之一。现将六好管理一些实施方法介绍如下，以便能对贵公司的发展有所帮助，不明白的地方可以电话沟通。

一、全面实施建议方案

1. 时间

如果是一家 100 ~ 1000 人的企业，要想较全面地实施六好管理，包括协助贵企业完成《六好管理手册》，请金宏六好管理机构作指导的话，预计整个合作时间大约 6 个月。

2. 常规合作实行的步骤简介

（1）电话或者见面沟通达成合作意向。

（2）考察签订协议：先付 2000 元给专业公司或者顾问作为订金，然后沟通好日期，安排时间到企业正式考察，据考察情况决定是否签订协议。其中来回车费、食宿由聘请方负责，如果未能签订合作协议，订金退回聘请方。

（3）正式实施。第一个月，会来 6 ~ 12 天指导与培训；第二月 5 天指导与培训。之后每个月会根据实际需求来企业指导，直到第六个月全面实施达到优良的状态。

3. 审核

之后建议每年作一次内部的全面审核，也可以再聘请专家来做审核。一般来说，目前复审的报价是 5000 ~ 6000 元/天。

二、主要内容培训方案

1. 六好管理内容与实施方法培训

18 小时（3 天，每天 6 小时计）。（除可以参加集训班外，还可以安排到企业内训，场地由企业安排）学习成绩合格者，可以获得六好管理初级管理师证书。

2. 辅助课程培训

执行力 3~6 小时；礼仪训练 2 小时；微笑训练 2 小时；沟通训练 6 小时；弟子规训练 6~18 小时；岗位与流程分析训练 2 小时。

相信六好管理的合作，能给您和贵公司的发展带来积极的帮助。例如，综合提升竞争力是多方面的，其中正常来说生意提升 5% 以上，有的企业直接可明显增长 20% 以上；综合成本降低指标 5% 以上。

联系邮箱：king828@126.com。

后 记

感谢出版社、书店和图书馆！以及对此有贡献的所有人士！有了他们，我们才有了今天交流的机会。感谢宇宙给予笔者的生活、写作和工作！感谢看阅此书，又将所学实践于现实中的读者，你们让本书的知识变得有价值！所有的成就，归功于大家和宇宙。愿爱和善意能作为回馈，有助于社会更加的美好、进步与和谐。

本书是为在从事或想做好事业的朋友们而写，旨在帮助你更胜任工作，将事业做得更好。当然，六好管理也是可以应用于很多行业，如工厂、学校等。本书提供给你的也许是金矿，待你开采和提炼，也许是一些点和面，待你触类旁通。能对你有帮助，对笔者来说是最开心的事情。

目前，我们也给想推行六好管理的企业提供管理咨询，如果您的企业想实施六好，需要帮助，欢迎联系我们。

由于水平有限，时间仓促，本书还有很多待完善的地方，还请多指正。

成功是有方法的，相信，您如果用心的话，将掌握成功的方法和获得成功。

相信，读到这里时，你已经有了收获。

当你阅读到这里时，这不是一个终点，而是一个起点！正如孔子所说：学而时习之，不亦悦乎！

祝事业进步！

爱与支持你们的编者

2015 年 5 月